心喪百年

|심|상|백|년|

心喪百年 | 심상백년

초판 1쇄 발행 2021년 10월 15일

지은이 | 이종립
펴낸이 | 윤관백
펴낸곳 | 도서출판 선인

등 록 | 제5-77호(1998.11.4)
주 소 | 서울시 마포구 마포대로 4다길 4(마포동 324-1) 곳마루 B/D 1층
전 화 | 02)718-6252/6257
팩 스 | 02)718-6253
E-mail | sunin72@chol.com

정가 10,000원
ISBN 979-11-6068-620-3 03990

· 잘못된 책은 바꿔 드립니다.

心喪百年

|심|상|백|년|

이종립 지음

도서출판 선인

부모님 – 이봉웅, 김금금 부부

이종립, 강령자 부부

우즈베키스탄 타시겐트에서 47년 만에 귀국, 이종갑

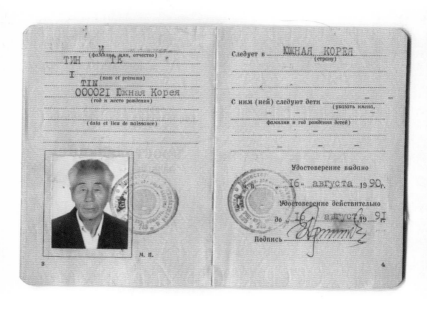

이종갑 여권 속면 -1

이종갑 여권 겉면

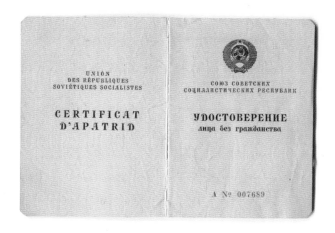

이종갑 여권 속면 -2

KOREA TRADE PROMOTION CORPORATION IN USSR
• Москва 123610 Краснопресненская наб, 12, 1-ца "Международная-2", об. 747
TEL: 253-1596, 1571 ~ 3, 252-3087 TLX: 413657 KOTRA FAX: 253-1696
• HEAD OFFICE: KOREA TRADE PROMOTION CORPORATION C.P.O. BOX 1621 SEOUL, KOREA CABLE: KOTRA TELEX: 23659 TEL: 551-4181

李 鍾浩 씨 귀하

저는 大韓貿易振興公社 모스크바 貿易館 의
舘長 으로 있는 成 正鉉 입니다.

月餘 前 에 아웃 믓선께 보내신 書信 은 人便 에
보냈던바 믓선께서 2~3日 후 에 저를 直接 모시어
서로 사귄도 하고 (친절히 되었더로 보더린것을) 차림 食事 도
같이 모시면서 많은 이야기를 나누었습니다. 아주
건강 하시더군요.

믓선께서 訪韓次 아웃 政府 로 부터 許可 를 받으려면
韓國 으로 부터 초청장이 와야 합니다. (本名 이 이진태로
바뀐 사유는 이미 2~3 日前 에 보내 드린 書翰 에)
說明 이 되었으니 書信 받아 보시는 即時 초청장을
보내주십시오 (코트라 를 통하여 보내주시면 더욱 배릅니다)

그럼 消息 기다리겠습니다.

1990. 2. 21
모스크바에서
成 正鉉 拜

親愛 한 동생 앞

동생의게서 보내온 서신을 두번이나 감사이 보겠
하엿네   그간 동생 內外分 - 동 화동으 아해
들도 건강이 성장 하도며 사업에 始興 하고
하옵지 멀이서 간적이 축원하오늘 마일세
나는 고한에서 형제 들이 故土으로 없이 넘려 하여
두는 心情으로 一筆 무사하니 多幸이오나 50
여히만에 故鄕의 소식을 알게된 그즉 부터 그리든
동생과 兄弟 들을 상봉 고저하는 심사 一刻이 如三秋
로 기대하는 鄕心이 날로 더하네

동생의게서 첫 서신에 소개하여준 모스크와 駐在
北韓로 貿易振興公社 部長 성원런 氏 을 相面
하여 다시 故로서에 상의 한 結果 万端으로 連
絡을 取하여 주시 겟다고 하엿스며 또 다시 日本
東京에 잇는 韓로人会에 도 편지를 쓰고 회답을
그대하고 잇는대 아목 소식이 없이 무한이 답습하여
동생의게 편지을 쓰니 이 편지을 밥으면 회답을
보내 주기을 바라 오며 招請의 手续을 努力 하여 주기
심히 부탁 하네   상봉으 날을기 대 하면서 後日의
몸건강과 家의 幸運을 祈願 하며 이만 그치네.

1990   3   25

이 종감 씨

리 ТИН ТЕ
1921. 10. 6. 생

УЗ. ССР.
Г. ТАШКЕНТ
ХАМЗИНСКИЙ р-н
КУИЛЮК УЛ ТУЕНА 8КВ
Дом 46.

АВИА
PAR AVION

400017

500

Пишите индекс предприятия связи места назначения

Южная
Корея
대한민국   京畿道
安養市 冠陽洞
147-5 号
李 轲 立

Индекс предприятия связи и адрес отправителя
Уз. ССР
Г. Ташкент
Хамзинский р-н
Куйлюк Уйтуена 8 кв
дом 45   Ц тин Те

종림 동생 앞

따가 綠陰 芳草 盛하는 7月에

동생의 安心 <体호> 하라고며 家內 諸节이 均安하옵고 아이들도 건강으로 學業에 熱心 하는가
멀이서 간절이 궁금하는 바일세 나는 동생들의
항상 念慮 하여주는 德澤으로 客地에 起居식
如一 하니 為幸일세 安心 하소

우차 보내여준 편지도 잘받아 보앗고 이번에
모쓰크와 신 광자 편으로 부송 하여준 招請狀을
받아서 이곳 內務 署에 出国 申請을 手续하였는데
오늘 구쳐末 8월초 旬 경에 激国 許可가 될것
같으니 許可가 되면 諸般 連絡을 取 하겠으니
질거운 상봉을 기대 하면서 余請을 상부날로 미르
그 그간의 건강과 행운을 축원 하오네

1990. 6 20.

진 태 서

1943년 5월 일제시대 징용갔다 47년 만에 고국(고향)을 찾은 형 이종갑 성묘 장면(1991년 9월)

동유럽 우즈베키스탄(구 소련위성국)국제공항을 떠나
한국 김포국제공항까지 4,957km나 되는
머나먼 거리를 넘어 고향 땅 선산을 찾아 부모님 묘소에 참배하는 장면이다.

부모님 묘역 전경

心喪百年

지울 수 없는 님
그린 像 머리에 담고
그 慈悲로운
生動感 생각때면
또 욱이 트리어 지고
못다 한 일들 한알을 안읽채
늦게 나마 다듬질 맞어도
이젠
거짓말 되어버린
마음속 슬픔이여
묵으 메이는데
온들도
마음만
촛불 켤날 항불 따라
不孝者는 오갑니다

부모님 묘비명

心裳百年
(심상백년)

지울 수 없는 님
그린상을
머리에 담고
그 자비로운
생동감을
생각되면
또
목이 드리우고
못다한 일들을
한아름 안은채
느을 참회로
늦게나마 다듬질 마져도
이젠
거짓말이 되어버린
마음속 슬픔이여
목은 메이는데
오늘도
마음만
촛불켤 날 향불따라
불효자는
오고 갑니다

1981년 11월 26일 목요일 정오, 청명

못 잊 음

청산에 잠드신 어머님
말씀없이 계십니까
머리숙여 드린 절
슬픔을 지울수 없소이다
잔디에 가려진 얼굴
영원히 잠드십니까
꿇고 앉아 고개숙여도
남은 일들 가슴속에는
불효자식 못잊겠습니다
지난 생각되면
눈시울이 뜨니
살아생전 새겨보렵니다

2021년 4월16일

庵靜
(암정)

땅껌이 스미는 산에
뚜벅뚜벅 다락길 따라
쇠붙고리에 굽혀 들고
내리는 곳 사리탑에
염불도 멈추었네
먼 산등에 거스럼이 짙고
불똥이 튕겨 박작인데
산암에 木鐸之靜(무탁지정)이라
뜰에는
서넛이 박박깎아 머리들
불담이 오고가고
나그네 걸음은 약수에 머문다
부처님 불수에 고개 드리우고
둘이서 고행을 佛堂에
어두고 가니
이젠 가뿐한 생동감이 인다

1983년 5월 30일 동두천「소요산」에서

　이 글을 담으면서 심혈을 기울인 동기는 아버님을 여의고 자식으로서 슬픔을 간직한 채 타향에서 망향을 그리워하면서 어버이의 정을 잊지 못하여 늦게나마 정성껏 자료를 수집하고 생존하신 어머님께 도움을 청하여 다행히 글을 담게 되었습니다. 지금에 와서 가정사 문화의 자료를 찾아 담으려고 마음을 새겨보니 이미 어머님도 가족을 두고 영원히 떠나신지 벌써 20여 년이 지났습니다. 늦은 감은 있으나 이제라도 글을 살려 자손된 도리로서 가정사에 유구한 역사문화를 남기려 내용을 열거해봅니다. 또한 형님을 찾으려고 10여 년을 보내면서 우리나라가 공산국가와 수교할 때 KBS 제2방송국 사회방송을 통해 10분 간 출연하는 등 각고의 노력 끝에 형님을 찾기도 하였습니다. 한편 동유럽 우즈베키스탄에서 형님을 찾는 라디오 전파를 듣게 되었습니다. 그동안의 어려움과 다양한 생활상을 접하면서 들여다 본 것을 적으오니 너그럽게 탐독하시어 부족한 점도 관용을 바라오며 선견후독으로 간직하시고 정성껏 담은 글을 불초소생이 올립니다.

2021. 10
종립 올림

차 례

〈정부소명자료〉
60년을 묻어 둔 내 이름, 진상규명을 통해 다시 찾다

〈종갑 형님이 동생 종립에게 보낸 편지내용〉
종갑 형님의 비운(悲運)적 삶,
부모형제간 잃어버린 47년만에 귀국한 사연은 이렇다!

때는 조선 말엽 한일합방 당시에 복잡다단한 국정에 국민들의 안정을 잡지 못한 이때에 외침이 심각하게 나라의 정사마저 어려움에 고통을 겪어오던 1896년에 이미 국토는 왜적의 침입으로 잃고 설움 속에서 갈 길을 잃은 한 많은 시절이었다. 영남 북방 소백산줄기의 기슭에서 남으로 내려다보면 앞은 훤히 앞이 트여진 농사벌이요, 그 앞을 가로 가르면서 말없이 유유히 흐르는 낙동강 한 젖줄기는 감천강이 굽이굽이 흘러내린다. 휘어 도는 강 따라 보노라면 앞은 우뚝 솟은 금오산이 멀리서 가로 놓여진다. 왼쪽으로는 태백산 잔등 허리가, 동으로 능선을 이루고 뒤로는 소백산 능선을 업은 채 남으로 내리치며 치닫는 산맥이다. 오른쪽은 강과 산맥이 나란히 하면서 멀리 그어진 채 사방은 병풍처럼 겹겹이 등고선을 이루면서 장엄하게도 이루어진 자연현상이었다.

이러한 자연스러운 대자연을 품으면서 천하에 더디어 태동한 이곳 경상북도 김천군 아천면 다남동 404번지(현 김천시 어모면 다남동)에서 속칭 동산리에 대부농의 옥산 옥강 옥답터에서 일선 김씨 가문에서 김재홍씨와 김효분씨와의 원앙부부 사이에서 광무9년(1896) 정월 스무사흘날 둘째 옥녀로 태어난 주인공 김금금이다.

　여자 세 자매 중 맏이와 동생은 가까운 이웃 고을 상산 김씨 가문으로 출가하였으나 둘째 딸만은 유일하게도 부모님 슬하에서 13년간 자라오면서 아리따운 몸가짐으로 자랐다. 엄숙한 가풍에 가사일이랑 부엌일 길삼일로 생활상은 여성적인 면모를 가꾸면서 서예까지 몸소 터득하였다. 부모님에게 어리강도 유난히 지녀야했던 소녀시절의 '금'이는 어느덧 성숙한 세월에 바야흐로 혼삿길이 새로운 인생을 맞이하였다.

　벌써 계절은 단풍으로 물들어 가을의 절경을 이루는가하면 오곡이 황금물결 따라 풍기는 가을을 부르던 동산리 들농벌판은 일손이 바쁘게 움직였다. 세월은 어느덧 싸늘한 가을바람은 일렁이고 만추노을을 지나면서 입동 찬 서리는 천지를 흰 가루같이 덮으니 9월은 가고 10월이 지나면서 동짓달이 오고 있었다. 소녀 '금'의 부푼 마음은 계절과는 아랑곳없이 오직 추수 때라 바쁜 일손만 여념 없이 움직이고 있었다. 세월은 빠르게도 '금'의 마음속도 몰래 오고가는 가을바람은 말없이 혼담을 싣고 파문의 흐름을 타고 능실거릴 때 자연은 오곡을 익혀 결실을 거두어들이는 일 년 결실을 마무리 짓는 일과였으리라.

이것은 '금'의 마음도 익어가는 성년기라고 철따라 인생 따라 혼담이 무르익어가니 이팔청춘 청렴한 시절, 사람은 태어나면서부터 필히 한번 갖는 부부결합의 혼례가 누구나 다 같이 숙명적으로 받아들여 약속인양 하듯이 가풍따라 부모님따라 1910년 일제강점기 음력 동짓달 열사흗날 부군 이봉웅 (선산군 구미면 봉곡동 646번지 이우범의 3남, 18세)와 동산리에서 인생결합의 역사적인 인생의 첫 걸음인 결혼식을 올렸다. 이때 나이는 꽃다운 14세 소녀로 까만 먹색 머리 위에 족두리 얹어 쓰고 양 볼에 연지 찍고 분 바른 채 은비녀로 14년 길러오던 머리카락을 손으로 드리우며 걷어 올려 갑사댕기로 엮어 올려 말아 끼우고 신부단장에 일화는 또한 동양적 여인상을 듬뿍 지녀야만 고왔던 아름다움은 고귀한 일과 성스러운 한 쌍의 가족이 탄생했으리라.

금이야 옥이야 상상했던 어리광과 사랑받던 '금'은 청춘남녀의 결합으로 새생활·새인생의 행복을 온몸으로 누리며 첫발을 내딛고 우렁찬 행진곡을 불렀으리라. 한 쌍의 원앙처럼 보람찬 희망으로 최선을 다하며 아낌없는 부부사랑으로 백년연분이었으리라.

'금'은 삼십여 두락을 경경하여온 큰 부농가에서 태어나서 14년간 호의호식하며 자랐다. 옛날 생활상은 보리밥상에 된장국 없이는 안 먹을 정도로 부잣집 딸인 '금'이었다. 부모님 밑에서 가난을 모르면서 살아온 일상생활은 가정사에 일손을 도우고 여가 시간이면 틈틈이 한문과 어문을 쓰고 외웠으니 고전 읽기부터 현대문학까지 터득한 매력도 어령전, 낭자전, 가사의 두루마리 등 손수 엮어 남몰래 솜씨가 일품이었으니 천하 여류 계에 옛날 130년 전 문인이 어디 또 있겠느냐고 알고 넘어가야 할 것이 늦은 감이 있으나, 새로 맞은 운이리라 밝혀두고 싶다. 이러한 문장력과 서예와 독서관념도 후일에 자손이 발견한 뜻깊은 소식이다. 이러한 것을 남편인들! 딸인들! 아들인들! 알았으랴 궁금증을 지울 수가 없다. 이뿐만 아니라 뒤늦게 밝혀진 글 솜씨를 덮게 된 것도 시집 생활 속에 머물다 보니 아쉬움이 남는다. 이런 일 저런 일이랑 문제점을 낳게 한 원인을 들여다보면 눈여겨 온 자료가 가난에서 읽어지고 생각만 해도 몸 둘 바가 없었으니 오직! 시대적 인식에서 살아야지 하는 강한 신념이 솟구쳐 올랐으니 어디에도 비할 바가 아니다.

'금'은 조선조 말엽 이후 선천적인 한국 여인의 전형적인 여성이라면 한편 매혹적이며 매료될 정도의 몸가짐이었다. 성격도 성품도 자연스러운 엄격성을 지녔던 맛에 순수성이며 의젓한 성품에 맵시는 탓할 데 없는 백옥 같은 품성만은 여성의 생활 속에서 묻어나는데 흐름을 타고난 몸가짐은 모든 사람으로 하여금 모범적인 눈길을 끌 정도로 이상형이었다.

남편의 혼인 전 생활상은 선조로부터 물려받은 농업을 터득하여 성년기의 나이 이팔청춘의 사춘기를 만끽한 젊음이 약동한 시기였으니 직업따라 배운 2년 동안 부모님 슬하에서 가난을 극복하려고 몸소 희생정신으로 육신을 헌신하면서 이웃 고을 다복동 장곡동 등지를 전전하면서 당숙어른(신평 할아버지) 댁에서 10세 이후 7년이란 길고긴 고용생활을 하였다. 부모님을 봉양코자 어린나이에 한푼 두푼 품삯벌이 생활 속에 춘하추동 사계절을 피부로 아픔을 참아가면서 부모와 형제를 위하여 고달픔과 서러움을 억지로 삼키면서 비지땀을 쏟았으니 이것뿐이겠는가. 때로는 아픔을 몸소 목이 메게 달래가면서 뼈골에 아픔을 억누르면서 짐을 지고 땅을 파서까지 삶을 가누기 위해 먼 푸른 하늘을 바라보며 한숨을 달래어가면서 보다 못해 눈물을 굵은비처럼 흘렸으니 이것 어찌 부모님 슬하에서 떠났던 남의 집 생활을 어디다 비할 바 없이 몸부림으로 휘여서 살아왔으리라. 진정 가난은 이토록 눈물과 슬픔을 가져다 주었냐고 묻고 넘겨갈까 한다.

시간은 흘러 어느새 동짓달 열사흘날 하오 2시, 드디어 청춘남녀가 마주하며 만인의 축하객 앞에서 혼례식을 가졌다. 부부의 결혼식 날 약속은 서로가 가진 부푼 꿈을 오순도순 사랑으로 수놓으면서 신혼생활 청사진을 펼쳐가면서 가슴 활짝 펴고 두 손잡고 굳게 살아가자고 언약을 맺으며 마음과 정신이 동심일체로 엉켜버렸으리라. 그날 그 꿈이야 인생에 뜻 깊은 희망설계로 금자탑을 이루고 또 이루었으리라.

이튿날 '금'은 부모님 슬하에서 의젓한 어른다운 성년의 몸가짐은 의례히 지녀야할 백가지 행실은 갖추었으니 신붓감으로 담뿍 담은 품행은 보는 이가 찬사를 아낌없이 천하일품이라, 천생연분이란 만소를 남겼다하니 이 아름다움은 부부에게 새로운 기풍을 진작시켰다. 가는 곳 보이는 곳 듣는 곳마다 웃음은 한결같이 끝일줄 모를 시간이 흐르고 있었다.

다음 사흘을 맞이하여 부부는 순간이나마 풍속 결을 따라 잠시에도 헤어져야했던 동짓달 보름날은 섭섭한 마음은 아쉬운 시간이 다가오곤 했다. 어쩐지 별도리가 없이 신혼부부의 시간을 두고 생활을 위해 잠시나마 헤어져야 했다. 그러나 '금'은 눈여겨보면서 "잘가오, 또 뵙겠오"인사도 했으리라. 한편 부군의 발걸음은 돌려서 뒤로하고 '금'을 두고 떠나야만 했다. '잘있오! 잘가오! 또 만날때까지, 아니 올때까지!' 이렇게 사흘이란 짧은 시간에 부군을 떠나보낸 마음이야 수줍은 신부로써 눈물을 방울방울 떨어뜨리면서 소매 자락 옷 저고리에 고름자락 적시었으리라, 이렇게 장가가던 날, 시집가던 날, 신혼 날에 사흘은 어느 듯 허무하게도 고개 숙여 부끄러움 느껴본지 하루같이 지나버렸던 것이다. '금'은 후에 매일 하루같이 보내오던 속에 '금'이는 오직 신행길 소식에 기다리던 시간 맞아 아무런 연락 없이 한해 두해를 보내면서 가슴이 답답함은 기다리기에 어긋났던 한토막이 추억으로 남겨진다.

신행길이 늦어지면서 지루한 세월 속에 독수공방 시간이었다. 시집가던 날 그 후 4년간은 부모님 슬하에서 묵혀왔으니 그 오랜 시간에 부군의 생활 형편은 신행 준비할 방도가 어렵게 되면서 준비 없는 신행 꿈은 마련 못 한 점은 신부모실 방 하나 준비 없이 걱정만 했었다하니 생각만 하여도 많고도 태산 같은 걱정거리만 놓였던 지난날 한 구절이 신부의 가슴에 닿는 안타까운 사연도 간절히 남겨진다.

한편 낭군은 장가든 후 사흘째 당숙집 (대집 할아버지)에서 종전과 같이 고용살이로 반복되는 일과로 시작된다. 신행 못 한 환경의 생활에 어려움이 고용품삯으로 생계를 이어온 실정은 빈곤만이라도 벗어나야하는 걱정만이 도사리고 있었다. 그럭저럭 흐름에 세간 방 하나를 마련하게 된다. 부군의 중형집에 방 하나를 얻어다가 신행준비랑 설렁대면서 마련하였으니 그동안 남편의 체면과 면목을 겨우 마련한 것도 늦게나마 맞이하게 된 것이다. 그동안 '금'은 오래도록 신행길 없이 친가에서 4년이란 기나긴 세월을 묵혀온 지는 지나간 후일의 결혼식 가진지가 3일을 지난일이리라, 부부의 상면시간이 늦게나마 보냈던 세월 속에 드디어 48개월 만인 1914년 10월 18일(음력)에 신행길에 오르게 된다. 특히나 택일 자를 맞추어 공교롭게도 결혼식 택일도 시집가던 날 동짓달 열사흘인데 이에 비해서 신행길 일정은 하필이면 동짓달이라 영하에 몸부림칠 한파로 매섭게 폭풍이 몰아치는 겨울철 맛을 풍기는 동태상이었다.

아침 햇살은 온 천지 마을을 훤히 밝혀주고 있었다. 기온은 여전히 따스함은 고사하고 영하에 추운날씨에도 불구하고 '금'

이 신행길에 오르게 된다는 소식에 마을은 온통 떠들썩하였다. 신부는 이제야 출가외인이 되는 것뿐이겠는가. 낭군 맞이하여 보금자리 찾아 고향을 떠나는 시간은 가슴이 설레며 두근두근 두드리는 가슴이 복받쳤으리라. 부모님 밑에서 18년이란 혈연생활을 청산하고 정든 땅 고향 땅 언덕을 넘어 꽃가마타고 떠나야했다. 이날 새벽잠을 일깨워보니 엄동설한 한파는 어저께 저녁부터 밤새껏 추운 바람이 몰아치고 있었다. 내가 살던 동산리의 고을을 떠나는 길손은 말없이 나서는 길가에는 정든 고향을 떠나는 '금'에게 희망과 축복을 빌어주었다. 한편 옷자락을 붙들고 '이제가면 언제 오느냐 언제 만나겠느냐'고 아쉬움을 달래며 소맷자락 옷고름마다 행주앞치마 걷어 올려 양쪽 눈물을 적시며 누구나가 눈시울을 붉혔다. '잘 가거라' 손을 흔들면서 이별하던 그날에 눈앞을 삼삼거리던 과거사 처녀시절로 동경하듯 돌아보면서 눈시울이 앞 시계를 흐리게 한다. 이제야 '금'이 꽃가마에 타고 앞을 보니 산과 들판은 여전한 것 들판에는 눈과 어름이 햇살에 유난히도 빛을 발하고 있었다. 둑가에는 겨울 옷 없이 나뭇가지는 앙상하게 겨울철을 이겨나고 있는가하면 뒤로 돌아보니 내가 살면서 곱게 자라왔던 고향의 집들은 아무런 말없이 여겹게 눈여겨보니 어느새 나도 몰래 눈물이 앞을 가로막고 타고 내리는 눈물을 연신 오강목 손수건으로 자금자금 눌려 찍어 거두는데 꽃가마는 4인구에 들려지고 앞뒤로 출렁이며 앞을 가르면서 지나고 있었다. 가도가는 길 돌길 오솔길을 스치며 빠져가는 시간에 눈물은 범벅이 되어 분바른 얼굴에 연지 찍은 얼굴은 얼룩 되게 변모했으며 사람으로 태어나면 의례히 여성으로 한번은 경험해야할 자연스레 맞는 아름다움과 부끄러운 점은 한 면을 장식된 시간도 있었다.

이렇게 시골 새댁의 길손이 드디어 새벽길이 낮 정오에 가까워오자 곧 시댁 마을에 다가온 느낌은 온몸에 조바심을 일으켜 놓는다. 손과 발은 추위에 차가움을 잊고 떠나던 마음이 가시지 않아 어느덧 추위를 잊은 듯 견디어 왔던가 생각할 정도였으랴. 그러나 '금'은 희망찬 기대가 마음깊이 간직되어 있었다. 가정에서 자랄 때 된장국 보리밥정도는 일상생활에 하루 삼식으로 주식삼아 살아왔던 부농가의 딸로 예쁨 많이 받고 자라왔던 소녀의 몸가짐은 신부 또는 새댁 이름으로 신행길에는 소발이 짐을 싣고 왔던 것이다. 꽃가마 속에 신부의 살림은 가구로 여닫이 목농두개, 비단옷 및 열 두세 무명천으로 공들여 주름잡아 길쌈 옷을 가득 채워 소발이로 싣고서 요 이부자리 두 채 등 갖은 생활필수품을 소바리로 싣고서 고갯길 등을 넘어 신길을 돌아서 한낮을 지나면서 시댁 마을에 닿으면서 꽃가마는 덩실덩실 춤추듯이 출렁이면서 제2의 고향 시댁에 닿는다.

이곳 시집 마을 (별남)이란 동내의 아낙네랑 모두가 신부 새댁 맞이하느라 분주히 오고가면서 영접하기 동동걸음인양, 바쁜 일손이 가슴에 설레기도 했다. 신행길 신부는 시집살이에 마음을 달래며, 층층시하에서 마음은 벅찼으며 마음구석마다 설레였다.

이 신행 날에 첫날밤 신혼부부의 잠자리는 돌과 흙담 벽에 방하나는 왕골자리 한 폭이 방바닥을 채울 뿐이다. 장식된 방안에 구석진 곳은 연자방아가 아닌 디딜방아가 아닌 작은 디딜방아로 갈고 닦는데 빻은 보리쌀은 한 말쯤 놓여있었다고. 한 마디로 엮어놓으면 봄이면 들과 밭으로 굶주렸던 시기에 아픔을 달래기 위하여 한 많은 보릿고개 길로 접어들고서 대자연물에 지식을 섭취키위해서 자연과 생활싸움으로 삶을 견디어보고 이 얼마나 슬픈 쓰라림이여 몸부림이 아니고 무엇이겠는가.

그래도 가난에 굶주리지 않고 흔들리지 않고 오직 살아야 하는 생애신념으로 가난을 벗어나려고 배고픈 배를 움켜쥐고 이곳저곳 사방으로 뛰었다하니 가난보다 더 슬픈 것이 또 어디에 있겠는가.

'금'이는 신행 온 이후 하루가 멀다 하고 식사 준비 때면 굴뚝에 내려지는 연기는 구름같이 흩어지며 연기 냄새가 숨을 막는 듯, 이것이 무엇이겠는가. 청소가리 소나무가지로 연료삼아 겪어 태우던 부엌손길은 연기에 가려진채 눈물로 아침을 짓기에 백옥 같은 신부의 손길과 옷차림은 대장간에 일꾼과도 비할 바가 없었다한다. 그러나 신혼부부는 우선 빈곤보다 먼저 삶이요, 후에 낙으로, 희망을 가진 것이다. 삶에 보람을 갖고 차분히 가사를 돌보면서 하루가 반복되면서 생활에 걱정은 떠날 날이 없었다. 새벽이면 낭군은 새벽길에 먼동이 트기 전에 일자리 찾아 대문 (삽작)을 나서는 일성은 큰 기침 한번으로 기지개 펴고 나선다. 따라서 잠자리에서 따라 일어난 '금'이는 잠시나마 낭군이 떠난 자리 한번 눈여겨보면 스릇스릇한 기분은 쓸쓸한 새벽잠을 덜 깨운 채 양 눈 언저리를 비벼대며 슬픔도 느껴보면서 때가되면 밥 짓기에 걱정되는 부엌일은 하는 일 없이 무거운 발걸음은 태산같이 가슴이 메어진다. 매일 시부모님 받드는 일과에 무엇이 부족하여 진지상 받들기가 왜 이토록 한산한 찬거리에 걱정이 짓누른 마음에는 매일 태산이다. 때가되고 사랑채에 들리려면 가슴이 두근거리는 순간은 가슴속 치밀어오는 요동은 잠깨워서 가눌길 없어서 억지로 몸부림으로 순간을 밀어내면서, 살아야겠다고, 하루 세 끼 중 점심은 없이 아침 저녁 두끼를 마련할라치면 콩잎으로 죽거리를 삼아 반찬으로 일관했으니 말이다. 끼니때면 보리쌀이 한두알씩 담긴 콩죽 식생활은 신혼부부의 어려운 생활상은 비참한 삶이라면 '금'은 속속들이 가슴구석에 굶주림은 생후 처음 보고 듣고 생각하고살아보는 시집살이에 소름치는 가난에 울먹이며 쓰라린 마음을 홀로 삼켜야했다.

이렇게 시련을 극복하기에는 나타나지 않는 일들은 샅샅이 열거하기가 힘든 일이었다. 이것을 '금'이 만이 속 깊이 간직했으리라. 이토록 역경을 훌륭히 넘겨온 굳건한 집념은 내일을 바라면서 보람되게 살아왔음은, 천성을 갖고 가난과 시련을 통해서 달련된 것이기에 오늘에 현모양처로 인자하시며, 여성이 갖추어야 할 신념으로서 그 엄한 가정과 남편의 내조 역할에서 묵묵히 살아옴이 훌륭한 각오와 신념이 확고한 철학이었으리라. 믿음은 자랑스럽다.

　어느 날 어머님 '금'이가 태어난 후 19년이 되던 해였다. 출생일로 생신도 모르고 해를 넘겨 살아오신 어머님! 가난과 싸움이 주부로서 주업이였다고 새겨봄도 남겨놓는다. 눈코 뜰 사이 없이 하루하루 식생활 걱정은 얼마나 굶주림에 시달려서 피골이 상접이 되도록 콩잎 죽거리도 배불리 한번 먹어보지 못한 신행 새댁에서, 저고리고름마다, 소매의 끝동마다, 앞치마 자락에 눈물이 마를 새가 없었다한다.

02

처음 친정에 가다

산행후의 일이었다. 해가 뜨고 달이 서산에 져도 한해가 거듭한 줄도 모르게 시집살이에 여념 없이 오고가며 사는 생활 속에 뜻밖에도 신혼생활이라 할까, 시댁 시집생활이라 할까마는 틈바구니에 어느덧 3개월 4일째(아흔사흘날) 백일이 못되어(한 해는 넘겨온 것) 1915년 음력 정월 스무나흗날 첫 친정 길에 오르게 되었다. 듣고서 생각만 하여도 너무나 기쁜 소식에 마음을 가눌 줄 모를 정도로 훨훨 날고 싶은 가뿐한 마음이었다. 지나온 집 살림살이 생각하면서 손꼽아 세어보니, 웬일인가 10년 같은 긴 석 달 세월이 하루같이 짧게 느껴진다. '금'은 고향을 더듬거려 보면서 옛 정든 땅 언덕길 넘어서 고향 부모님 밑에서 사랑을 받고 하던 그 마음은 추억에 사로잡혀진다. 나중 후일에 생각했던 일이고 보니 친정으로 떠나던 전달이 '금'의 출생일도 모를 정도로 가난에 사로잡혀서 지내왔다고 한다.

생신 이튿날 정월 스무나흘날 아침에 짐을 꾸리고 준비는 간단했다. 동녘에 햇살이 퍼지면서 엄동설한풍이 몰아치고 있었다. 출가외인의 몸이라 새로 맞은 시댁 부모님의 정성어린 주선으로 건명태 열 마리, 청어 두 마리를 마련하여 첫 친정 길에 나서게 된다. 남편과 다시 만나자고 무언으로 약속하면서 꽃가마타고 시아버님과 하인(종)을 따라 나서야했다. 여기 친가에 일찍 가게 된 이야기는 두고도 생각할 여운이 남겨지고 있다. 하루는 친정 부모께서 딸이 어떻게 시집살이하는가? 확인한 후에 친정 부모께서 심부름으로 신행길에 따라온 신부의 하인 (종)의 이야기가 시집살이 가난생활은 너무나 어처구니가 없어서 친가의 부모님에게 여쭈었으니 김재홍씨(친가의 아버지)의 부름으로 당시 딸을 그냥두면 굶어죽으니 친정으로 불러 올리라는 명이 떨어져서 첫 친가에 가는 날이었다 한다.

친가로 가는 길마다 그동안 내린 눈이 위험스럽게도 폭설이 내렸다. 가마에 의지한 '금'은 눈길을 밟을 때 마다 미끄럽게도 꽃가마에 4행인의 걸음마다 흔들리기 시작했다. 몰아치는 찬바람은 시원스럽게 봄바람같이 훈기를 더해주는 느낌이었다. 친정길이 얼마나 기쁘기에 말씀이다.

비틀대는 눈길에 경부선 아포역길을 지나서 시집 땅 고을을 떠나온 것 두고 온 낭군! 그래도 그리움이 짓눌린 상태에서 근동네 길모퉁이를 돌면서 가마길이 한심하게도 폭설에 얼음판으로 인해서 사람이 다칠 우려한 나머지 이곳에서 가마에 내려서 걷기 시작했다. 매틀짚신으로 지나온 자국마다 고이 사뿐하고 버선신고 짚신에 담은 발걸음은 곱게도 가볍게 걸었다. 오는 동안 너무나 고통스런 생활상에 지쳐진 감정을 억누를 수 없이 눈길 빙판길을 가다보니 신발이 벗겨져 그냥 버리고 버선발로 걸어야했다. 이렇게 고생도 많았으나 가마 길도 고생으로 인해서 버선발로 계속 걸음을 재촉했다. 그런데 버려진 한 짝 신발은 시아버지(이우범)께서 별 방법 없이 휴대한 채로 긴 담배 대로 신발을 걷어 올려서 그냥 동네 앞까지 왔다는 일화는 유명한 희로애락이 남겨진 것은 두고도 잊을 수 없는 추억을 남긴다.

몇 시간 전에 잠시 시간이 경과한 것이지만 부부가 마주앉은 두고 온 신혼 방은 생각한 시간 속에 얼마나 쫓겨 왔던가 말이란다. 옛 정든 고향땅에 당도하자 버선도 갈아 신고 다시 가마타고 정든 집 뜨락에 가마가 닿자 '금'은 마루를 건너 방을 들어서니 친정어머님이 머리를 풀고 양갈래 된 머리카락을 드리우고 하신말씀이 소문보다 살은 쪘다고는, 모녀상봉은 멍하니 보고만 있었던 일의 회상담은 이야기는 남겨두고 싶다. 또 한가지는 친가에 오면서 아니나 사돈집에 오면서 며느리의 첫 친정에 보내는 시댁 부모의 처신에 울분을 참지못해서 시간을 두고 시댁에서 가져온 명태 열 마리를 그냥 돌려보내자는 섭섭한 심정은 앞서 생활상을 생각하고도 남음이겠다.

웃음과 슬픔이 동반한 채 첫 친정에 온 시간에 이 순간은 사랑방에는 바깥사돈과의 대화에서 언짢은 심각한 이야기가 오고간 이야기를 얼버무리는 '금'의 이야기로 남겨진다. '어찌나 생활에 딸이 고생스럽다'라고 하니 가난한 살림도 한계가 있는 법이니 고생도 이토록 할 수 있느냐고 어려움이 되는 대화의 분위기였다는 사실관계로 알려진다. 얼마나 가난 때문에 입씨름이 오고가야 했던 것은 양가의 사돈지간에 오랫동안 이야기는 상면하면서 사랑방 공기는 먹구름이 쌓인 궂은 일기로 남겨두고 있음을 기억해두고자 한다.

첫 친정에 얼음길 발걸음으로 동동거리며 벗겨진 버선을 뒤집어 놓고 새것으로 갈아 신은 채 집에 들린 것이다. 지난일 또 친정에 간다고 마련한 정성 드린 청어고기 두 마리를 '금'은 집어서 방바닥에 던져버린 일화는 다름 아닌 시가에서 고생한 빈곤에서 오는 배고픔이었다. 그러나 집어던진 청어 두 마리는 생각도 또 생각해야할 문제점으로 보기 전에 철부지한 일거리로 느껴진다. 이렇게 모녀가 이별 후 다시 상봉한 혈연의 따뜻한 모정이라 한다. 친정에서 시간이 흐르면서 72시간 사흘 만에 친정어머님 (김효분)이 세상을 영원히 떠났으니! 모처럼 상봉한지 며칠 만에 어머님이 눈감은 채 저승으로 영원히 간 것이다. 어머님을 잃은 '금'은 가슴이 찢어놓은 슬픈 비운을 삼켜야했다. 만나자 이별이라더니 어머님을 뵙자 타계하신 혈연은 영원히 끊어버린 순간을 보내고 상심으로 마지막 상복을 입게 된지 슬픔을 간직하게 드리운다.

03

빚더미를 품삯으로 정리하다

　신혼 후 남편 된 낭군은 밤낮을 가릴 수 없이 신부를 홀로 남겨두고 삶의 품삯벌이로 소일을 해야 하는지 부자형제 지간에 타고난 운명으로 받아들여서 한 달이 멀다하고 시숙이란 분이 (맏시숙) 오락, 도박으로 가정 재산을 탕진하는 악습으로 빚더미에 고통을 받는 것을 보다 못해 남편은 평소 말없이 뼈아프게 품삯으로 벌어들인 양곡양식을 형제지간에 노름빚 잔치로 동생까지 못살게 빚잔치할 처지로 인해서 얼마나 낭군은 쓰라린 고통과 쓰라린 고달픔은 어디에다 호소할 길이 없었다. 낭군의 괴로움을 '금'이도 알고 체험한 일이건만 그나마도 부부생활상은 날이 갈수록 말 못할 환경에 뜬눈으로 지새우고, 배고파서 참는 것은 어려움도 아님을 진정 느껴보게 된다.

　자나 깨나 하루 세 끼 음식을 마련하지만 콩잎으로 반복되니 쌀 한 낱을 헤아리며 구경하기란 일 년 세월치고 몇 알 몇 대정도로 손꼽아 세워볼 수 있었다고 하니 가난이 허기 치는 서러움이 시집살이였다고 털어놓는다. 그것도 시집온 날 보리쌀 한말이 언제나 아껴먹으려고 애써왔으나 빈 삼베자루만이 방 구석진 곳에 쭉 거린 채 버려있었다는 것, 절미 절약한 생활의식은 보람도 없이 지나며 남편은 언제 보리식양을 다 먹었느냐고 걱정스러움을 걱정하면서 묻는 말씀에 가슴이 메어지는 순간은 눈물이 퍽 쏟아지는 '금'의 얼굴은 저녁노을처럼 붉어졌으니, 가슴이 답답하고 정신적인 압박감이 전신을 휘감는 것이 아니겠느냐 말이다! 육신 고용 노동으로 벌어들인 품삯을 황금같이 여겨 기다리던 '금'이는 어이없이 사랑기운마저 느껴보지 못한 기대는 하늘이 무너지고 말았던 당시의 실상을 말해준다.

이러한 '금'이의 낭군은 말없이 아내가 친정에서 3년이란 긴 시간을 소일하던 그 때의 부군은 부모님 봉양하기에 급급하던 능동적으로 움직여온 효성은 지극하였으니 삼형제 중에서 자식의 품위는 남들이 이르기를 효행은 제일로 칭송을 아낌없는 처세에 감명을 던졌던 것이다. 삼형제 간에 사랑과 존엄까지 받아서 살아오던 생활신념은 자수성가로 지나온 생활철학은 타인을 불허할 정도로써 투철한 집념이 흐트러짐 없이 초지일관 하루도 빠짐없이 노력한대로 거두어들인 품삯은 하루가 멀다고 앞서서 미리 당겨먹는 즉 장래를 내서 살아가는 풍습인데 본가의 형제간에 비통한 운명은 가진 삶이였으니 이에 접하고 필자의 소관이란 관념으로 깊이 있게 파고들면서 기록으로 남겨두고자 한다. 왜 삶에 산다는데 자급자족까지 멀리 희망을 갖기에 요원한 생각이 들면서 생산성을 구현하기에 힘겹게 걸어온 길은 지금까지 하루살이만 이끌어진 실정이 경과만 새겨준 근거는 실제의 현실이 나타내준다.

안으로는 타가에서 시집온 안식구들은 몸소 알뜰히 챙겨서 삶에 의욕을 불태워오면서 이빨을 악물고 노력하였으나 결실을 두고 마음껏 미래지향적인 희망에 힘을 가하는 반면에 밖으로는 시숙께서 바깥양반은 쓸모없는 오락과 도박으로 세월이 흐르는 줄도 모르고 노름판 신세로 인해서 자고나면 빚더미에 견디다 못해 피신까지 하면서 패가망신까지 남긴 것이 종적을 남긴 일까지! 그래도 반성까지 못한 채 추호도 없으니 말이다. 피해를 선의의 죽을 욕까지 당하는 현실 속에 부군의 처지가 말없이 참아왔던 그때의 현실속성은 맏형님의 노름판에 빚더미를 막내 동생이 노동품삯으로 갚아야했다. 일 년 농사 탕진하듯 울분을 참지 못한 환경에 고민이 옛 풍습에 상하사이에서 오도가도 못한 신세타령만 남긴 채 묵묵히 끈기로 버텨온 심정은 진정 훌륭한 형제애로 빚을 짊어지고 살아왔던 것이다. 그래도 형님의 빚더미 속에서 한 달 아닌 일 년 이 년을 버티면서 빚 청산이었다. 이 빚 청산을 동생이 수하로서 처세는 훌륭한 정신력과 급급한 효성은 하루도 소홀함이 없이 초지일관 나날을 보내야했다. 하마터면 '금'의 부부간의 살림살이는 한가지도 마련할 여가도 없이 한달 또는 일 년 동안 뼈아픈 수심 많고 피땀으로 힘쓴 대가는 하루아침에 없어진지 비통함속에서 허우적거리며 살았던 시간에 아픔이 더해진다. 괴롭고 늘 고민꺼리는 살아가야지 아니하고, 고달픈 세월 속에서 아픔을 달래어 가면서 낭군은 부모에 대한 관심사는 효자로서 정성껏 최선을 아끼지 않았다고 주위의 칭송이 자자했다고 한다. 이렇게 까지 부모형제간의 효도와 우정은 아낌없이 자상함이다.

평소 말없이 끈기로 버렸기에 성공의 비결이 묵묵한 시간 속에서 빛을 받아 삶을 잃지 않고 살아오신 그날까지 하루같이 비가 오나 눈이오나 바람이 불어도, 흩어짐 없는 몸가짐으로 약 한 첩 목마름에 씻어줌도 없이 한날, 한시같이 살아 왔다고 한다. 아나나 다를까 진정한 효자요, 믿음직스런 아들이요, 자랑스러운 동생으로 남달랐다. 이렇게 고생을 이겨오면서 불평 한번 없이, 산더미 같은 빚을 말끔히 지우기까지 보람된 희망을 찾아 부부는 살아보겠다고 평소 굳건한 신념으로 '금'의 부부는 헌신적인 정신으로 신혼부부 답지 않게 두 손을 굳게 잡고 젊음을 불태웠다. 훌륭한 교훈이 아니겠는가! 생각해서 남긴 산교육이다.

한편 돌이켜보면 고용살이에 품팔이 삯을 알뜰히 모으고 차근차근 간직한 채 부부는 남과 같이 의젓하게 잘살아보자고 피땀으로 비지땀을 쏟아놓으며 결실을 맺으며 사노라니, 어처구니없게도 불행인지 다행인지 빚을 갚아 달라고 목메어 울부

짖는 그이가 있었다. 부모님도 아닌 형제들의 행패가 아니겠는가! 묵묵한 시간을 보내오자 웬걸?! 고함친 꾸중에 천지가 진동하듯 심지어 폭언과 폭행으로 괴롭혀왔다고 전해진다. 외로운 고통과 슬픔이 함께 닥친 비통한 아픔은 연거푸 계속되어 끊일 날이 없었다 한다. 이러한 장면이 누가 아니라고 부정하겠느냐! 말을 남겨놓고 산 증거로 더듬어보면 맏시숙이란 신동댁(처가곳)어른이 가사에는 관심 없이 횡폭이 아들과 딸들이 살아있는 사실인즉 지금에 와서 어찌할소냐고 반문이라도 나올 법도 하다. 진정 한심한 일화는 살아있는 자식 간에 자가비판으로 과거사로 밀어버린다면...!

또다른 화제 거리를 보면 한심한 연극 같은 장면이 드러나기 시작한다. '금'이가 친정 생활 중 그 날 그 날 소일하던 평소 때의 일이다. 어느 날 맏시숙이란 분이 의관차림도 아니하고 탈망한 채 갓도 쓰지 않고 제수씨 친정(동생 처가)으로 피신 갔다는 해괴한 사연이 밝혀진다. 피신처를 찾다보니 이렇게 되었다고 차일피일 털어놓더란 것이다. 나중에 알아보니 도박으로 빚에 쫓겨 '금'(제수씨)의 친정댁으로 피난 간 한심한 일로 인해서 부끄러운 장면이 있었다.

그 후 동산리 친가에서 소일을 하던 중에 친정아버지 김재홍(필자의 외조부)께서 정장을 시켜서 고향 (성남-별남)으로 귀향시켰던 일화는 자손들에게 남긴 부끄럽기도 하고 어려운 사건이었다. 그러나 그 버릇을 못 버리고 빚더미를 짊어지고 제수씨 집에 몸을 피해서 며칠을 보내게 되었다. '금'이는 맏시숙의 친정집 피신 사건으로 남 보기가 창피할 정도로써 동생 내외까지 못살게 괴롭혀왔으니 이는 생각만 해도 후손에게 극한 상처를 남긴 영원한 화제 거리로 남겨진다.

1916년 4월이었다. 화창한 봄 날씨는 봄기운을 발하는 따스함에 만물이 소생하듯 아지랑이 하늘거리며 청춘남녀들에 가슴이 설레도록 날씨마저 천명했다. 밭과 들에는 농부들의 일손이 움직이는데 시냇가에는 버드나무 가지마다 파릇한 잎들은 좌우로 흔들리면서 봄맞이가 한창이었다. 밭고랑에 밀 보리가 싹들이 고개를 내밀면서 봄기운을 마음껏 반긴다. 고개를 내민 채 김매기 일손에 느들느들 일렁이며 봄바람도 맞는다.

'금'이가 친정에 온 지 3년이란 세월 속에서 어머님마저 여읜 채 쓸쓸한 나날을 지내고 있었다. 그러나 출가외인으로써 시집살이로 귀거하여 인생에 새로운 설계를 꾸며가면서 행복을 다짐하고 맹세하면서 남편의 건투를 빌며 하루같이 지나온 것이다. 그간 헤어져서 살아온 부부는 애틋하던 길은 다만 재회로 만남이었다. 기대했던 소식은 드디어 시집살이로 가야할 시간이 다가온 것이다. 이 무렵에 '금'의 마음은 덜컹 내려앉는 것이 아니겠는가! 이것은 지난 시집살이 3년이란 시간이 지루하게 흘러왔었다. 아무리 넉넉치 않은 살림에 시댁에서 배고프게 살아오는 환경인들 체면이야 어찌할 도리가 아니겠는가.

다시 시댁으로 돌아오라는 봄소식을 따라 대문을 두들겨 전달이 되었다. 지금은 춘삼월이라 사월초순을 넘기면서 걸음을 시가로 옮기게 되었다. 또 정든 땅을 넘고 넘어서 친정아버님을 따라 하인님 등에 차반을 재우고 상실은 마차에 몸을 의지하여 출생지 고향과 이별을 해야 할 때 내가 살았던 정든 땅 길을 또 떠나야 했었다. 시가 길로 가는 길가에는 만 가지 봄나물들이 따뜻한 봄을 맞아 뚝방길 가에는 아롱이는 아지랑이 봄기운이 물씬 풍겨주며 개나리꽃 진달래꽃도 아물어 가면서 봄의 새싹이 잎가지를 펴고 너울거린 풍경이다. 이제 걸음을 멈추고 고개를 돌려서 뒷길을 바라보면서 멀리 사라져가는 고향집이 시계를 벗어나면서 두 눈물이 타고 내리는데 손수건으로 훔치면서 길을 걷는 순간마다 눈물이 앞을 가리우니 이토록 서운한 정을 두고 떠나야하는 나그네처럼 길손이라 섭섭한 마음은 애달프기만 하여라.

어느덧 앞을 가로지르는 길 앞에는 잠시나마 서너 달 살아왔던 시가집 마을이 눈앞에 보이기 시작했다. 우선 몸가짐과 마음구석에는 남편을 맞이하기에 수줍은 생각이 머리끝을 스쳐간다. 곧 땀을 적시며 시댁에 당도했다. 이날부터 '금'은 타향살이던 낭군댁에서 고향같이 시집생활은 본격적인 가사 일에 접어들면서 아내로서 며느리로 손색없이 일손을 옮겨놓는다. 시간살이란 시숙댁에 방 하나를 겨우 마련한 것에 살림을 차려서 분가생활이란 보잘 없이 살림 차림으로 부부간의 부귀영화를 누리며 알뜰히 보람을 찾아 행진곡을 부르게 이른다 셋방살이 살림이란 꾸려놓은 보금자리를 누려오면서 시댁의 보모님 모셔놓고 조상의 4대 봉제사를 홀로서 3년을 모셔왔다하니 그 걱정과 고달픔이야 한낱 한시같이 지세워야한 생활도 차례상을 마련해야 했었다. 그러나 허다한 위로 시숙을 두 분 두고 막내 며느리가 혼자 손수로 조상을 받드는 일이란 여하한 어려움을 받들며 손색없이 차려왔음은 제사 차례상에 제물 한 가지라도 품실도 품행도 거리낌 없이 부잣집 맏며느리 감으로 치러왔던 정성도 칭찬을 아낌없이 독차지한 솜씨는 지극했다. 그것뿐만 아니라 음식솜씨 길쌈솜씨도 훌륭한 매력도 남겼는가 하면 글 솜씨랑 독서까지 팔방미녀로 태어났다. 이러한 정서를 남긴 시집가문에 영광된 빛을 남겼으니 어찌 복덩어리가 아니고 무엇이겠는가. 그러나 주부의 역할은 부엌에 들어서면 때꺼리를 마련하기에 진땀을 빼야했다 하니 시부모님 밑에서 며느리 노릇도 지옥 같은 세월로 지냈다는 효부로서 도덕성을 백분 발휘한, 수하된 도리가 참다운 길이였음은 옛날 가정윤리관에 대해서 손색없는 인격을 갖춘 며느리의 인간상이었다.

이럭저럭 살아온 지도 한 달이 지나면서 보릿고개 철이었다. 날이 갈수록 걱정은 태산같았다. 산과 들에 땅속에서는 생명체가 솟아오르고 인간에게 생기를 주는 고귀한 생물들이 어려운 인간생활에까지 봄날에 양식으로 좋은 자연산물로서 선물로 더해진다. 이삼월이면 모두가 산들에 자연을 보고 누비면서 허기지친 몸매로 한아름 나물들을 챙겨놓고 정신없이 서산에 해지는 줄도 모르고 바쁜 동동걸음으로 헤맸던 것도 오늘에야 삶의 연장을 누려왔었다. '금'이는 이삼월에 험한 고갯길과 함께 보릿고개를 넘기는 때에 날이 갈수록 무척이나 몸이 무거워오고 있었다.

벌써 6개월 들면서 태동한 몸을 가누며 가사 일에 조금도 흐트러짐 없이 시종여일로 일관되게 움직였다. 날이 갈수록 '금'의 몸은 점점 힘겹게 움직여야 할 무게를 더 실어주고 있었다. 부부의 사랑에 결실을 맺은 2세의 탄생을 눈앞에 두고 마음은 옥이냐 금이냐 바램이다. 첫 아이는 욕심으로 옥동자를 바람의 한결같이 희망을 가져본다. 이 시기에 임산부로서 먹고 싶은 것 한 가지도 속 시원히 못 먹고 더구나 없어서 못 먹는 환경에 참고 견디기란 정신적·육체적인 옛 풍습대로 고된 생활 규율에 부부간인들 의견전달은 소통까지 새겨듣고, 고충을 나누는 시간으로 들여다보게 된다. 어느 때인가 '금'은 참고 견디며 몸부림으로 살아왔던 시간 속에 봄은 가고 여름도 가고 쌀쌀한 날씨에 옷소매 깃을 내리며 가을바람이 일렁이면 피부에 소름이 나는 쌀쌀한 가을맞이로 다가선다.

1916년 음력 10월 초삼일은 바라던 첫 아기의 출산으로 뜻
깊게 보람찬 경사를 맞이했다. 시집온 지 6년째 즉 시집생활
3년 만에 신혼살림에서 공주를 첫 출산하였다. 부부가 처음 갖
은 아기는 한없이 아름다움이었다. 첫 출산의 기쁜 소식으로
부부는 보람을 만끽하였으리라. 공주의 이름은 "순경"으로 이
름 하였다. 산모는 아들이 아니었기에 어리둥절하기도, 남편은
부끄러움을 간직한 채 옥동자가 아님을 생각 끝에 같은 값이면
동가홍상이라 입속으로 섭섭함과 아쉬움을 남겼으리라. 한편
산모는 허리띠를 졸라매어야했다. 이 때는 가을철인들 푸짐한
식량이 있었던 것도 아니었다. 배 한번 부르게 채우지 못하고
만든 쌀죽 한 그릇 마음껏 마셔보지 못한 생활상은 답답하기란
걱정을 더한다. 초산에 산모는 시부모가 공들여 마련한 끓여놓
은 미역국 국물을 마음 놓고 목으로 넘겨지기가 그렇게도 걱정

을 참고 오려니 낳은 공주에 울음을 달래며 젖줄을 이어보려하나 산모의 젖줄마저 부족함으로 고달픈 압박감은 마음둘 곳 없이 안절부절한 산모 방이었다.

이렇게 시간은 해가 뜨고 서산에 해가 기울고하면 동짓달이 문턱에 다가오는 듯하다. 어느덧 산후가 한 달이 가깝게 지나면서 고향 친가에서는 시집간 딸자식의 출산 소식을 전해 듣고 친정아버님은 외손녀를 낳은 소식에 곰곰이 생각다 못해 어떠한 용단을 내려 보내게 된다. 생각해보면 3년 전 딸을 시집보낸 후 부녀간에 정을 되새기며 출가한 딸의 모습을 보고파서 섭섭함이 잊지 못하여 시집생활의 고달픔으로 밤새 지새우는 소식을 듣고 딸을 다시 본가로 불러 올리기로 마음을 굳혔다. 그것도 3년간 생활을 함께한 지난날을 돌이켜 반성하는 환경에서 딸의 두 번 죽을 고생은 더 이상하면 딸자식을 잃겠다면서 딸의 생활걱정을 한 나머지 미역과 양식을 보내주는가 하면 긴 세월에 보살펴 주었으니 삶의 감심사에 후일에 여담은 알고도 남은 일이었다. 그 후로도 어려운 생활이 걱정되고 딸자식과 외손녀 고생을 생각하여 친정생활을 할 수 있도록 주선하여 둘째 사위와 딸자식 세 식구를 동짓달에 친정살이로 불러올렸던 일도 있었다.

 1919년 기미년 3·1운동이 일어났던 그해 음력 11월에 살얼음이 꽁꽁 얼어 오들오들한 추위에 떨던 겨울 날씨였다. 시대는 일본정부가 우리나라를 짓밟고 통치하면서 나라 잃은 조선민족은 집 잃은 천사와 같이 비극을 씻지 못한 이때에 나라 잃은 민족의 슬픔 속에 살아가는 한민족의 생활상은 비참한 생활고로 허덕이던 나라의 살림살이도 불안감은 떠날 수가 없이 혼란스런 시기였다. 이와 같이 조선족 살림살이도 각개의 백성들은 어려움이 비참하게 짓눌린 삶의 실정으로 몸부림친 시대였다.

 '금'이 역시 첫 아기 낳은 중씨 시숙댁에서 3년간 생활하던 중 친정아버님의 주선으로 부름을 받고서 두 번째로 고향땅 친정으로 생활터전을 옮겨지게 된다. 시가살이 청산하고 살았던 별남 땅을 뒤로하고 '금'은 고향집으로 가볍게 발걸음을 길로 나선다. 떠나는 골목 담벽을 돌아서 벗어나고 부부는 그날 그

길목을 떠나는 길손으로 나선 것이다. 떠나는 그날 세 살 공주 "순경"양을 업고 신혼생활 살림을 싣고서 친정생활과 처가살이로 떠나게 된다.

이것이 부부의 결합한 후 셋방살이로 출발하여 두 번째 이삿짐을 지고, 이고 업고 친가로 처가로 무거운 발걸음을 옮겼던 것이다. 반면에 남편은 처가살이 1년 열두 달을 보내게 되었다. 이렇게 하여 남편의 심정은 오직 살기 위한 방법 때문에 처가살이로 하는 수 없이 억누른 마음에는 남자의 혈기가 북받쳐서 찢겨지는 아픔을 달래기란 어디다 비할까, 막연한 고용으로 처가살이란 자존심이 용서치 못해서 참는 것, 견뎌보는 상황이라 별방법을 고민까지 하면서 단순한 가난으로 벗어나는 길만이 기대해본다.

한편 처인 '금'이는 친정 부친으로부터 다시 사랑을 받으면서 낳은 첫 딸의 재롱에 하루생활은 즐겁게 지내는데 생애의 보람은 더욱 굳게 다져보면서 가슴에는 즐거움이 가득히 부풀어 있었다. 이제는 식사도 제대로 되니까 굶던 젖줄도 풍요롭게 샘솟아 아기에 대한 부담까지 줄고 재롱으로 인한 행복을 더해준 반가움이었다.

한해를 보내고 1920년 음력 동짓달에 처가 및 친정 생활을 청산하면서 친정생활권도 완전히 벗어나 셋방을 독립생활로 벗어나는 부부는 세 번째 독립가정으로 터전을 마련하게 된다. 그동안에 친정에 얹혀살기란 민망한 때도 있었다. 집도 없이 살기란 쉽지 않은데 마침 옆에 이웃 셋방을 얻어주었기에 어린 공주를 안고 이주를 하게 되었다. 부부는 이주한 이튿날 험한 불행이 닥쳐오고 있었다. 하늘을 지붕 삼아 헤매야했던 어설픔도 이제야 잊고 잠시나마 걱정을 면하는가 했더니 가는 날이 장날이라더니 또 웬일인가! 희망을 갖고 이웃집으로 행복과 행운을 가지고 살아보겠다고 살림을 옮겨지자 며칠이 못되어서 주인집에 우환이 발생하여 주인댁에 설상가상 송아지가 죽었으니 들리는 소리마다 이사 온 환으로 이 꼴이라는 억울한 점이 미신적인 전설로 욕됨이라 우연일치로 불행한 일이라 걱정만 남겼다.

'금'의 부부는 불행하게도 또다른 사건이 겹쳐왔다. 이렇게 괴로운 일들만 발생하고 듣자니 억울한 욕만 새겨든다. 이것 외에도 아무런 여가도 없이 억울한 욕을 먹고 다시 처가로 옮겨야했다. 이러한 현상이 인생의 삶에 흐름이라고 생각도 못한 사연도 얼룩지게도 난생처음 당해본 경험이었다. 이 삿짐을 친정에 다시 옮겨놓고 열흘쯤 지나서 또다시 방을 구하여 셋방살이가 다시 시작되었다. 세 번째로 맞는 이사한 실정이었다. 이렇게 살림살이가 굽이굽이 고생으로 앞이 가리니 주어진 운명이구나 하고 '금'이는 친정살이하면서 몸이 무거운 짐을 안고 있었다. 둘째의 태동한 기쁜 소식이었다. 늘 어렵게 살면서 절약한 생활에 검소한 차림으로 셋방살이 하는 동안 둘째 공주를 탄생하게 된다.

07
초가삼간 집 세우다

　부지런히 생활에 보탬을 꾸려오던 끝에 어느덧 처가로 이주해온지 어언 5년이란 긴 세월 속에 두 번째의 공주를 가지면서 그간에 알뜰히 모은 재산 살림살이를 이룬 끝에 늦게나마 드디어 초가삼간을 마련하게 되며, 이제 부부는 우리도 남과같이 잘 살아 보련다! 어린 자매를 달래며 보람찬 기쁜 마음을 굳게 결심하고 정신을 가다듬고 이빨을 힘 있게 물고 다시없는 보금자리를 누려오듯 보람을 만끽해본다. 처가살이 60개월이며 시집간 지 15년 만에 일가창립으로 한 가족이 정착하여 생활한 시간은 일곱 번째 삶의 터전 따라 꿈을 싣고 의식주를 갖추어 있는 것 다 모아 부부가 행복과 더불어 창조한 기쁨을 만끽한 자리를 이루게 된 보금자리가 생애의 기쁨을 안겨주었다. 옛날이야기로 고진감래라 하듯이 그 허다한 어려움을 딛고 일가창립을 했으니, 보는 이는 장하다, 거룩하다, 생활철

학은 이미 터득하였거늘, 하면 된다는 신념으로 벅찬 보람이
었다.

　1922년의 한해는 꿈을 이루어 새집 짓고 생활지로 이주한
후 부부는 행복했다. 과거사 일상생활이란 초근목피 시절이
라, 역경과 서러움을 피부로 느끼며 가슴에 닿은 감은 남과 함
께 입을 것 못입고 없어서 못먹어본 것, 마음속 깊숙이 아픔이
야 두고 이슬비 같이 한맺혀서 멍든 일들은 지울 수가 있으리
이까, 한 많은 가난을 벗으려고 피땀을 흘렸으나 그때의 사회
상은 지긋지긋한 소름이 어깨를 짓누르듯 움츠리게 하는 생각
은 병상에 누워서 공상하듯 잊을 수가 없었다. 이렇게 만사의
어려움을 이겨온 것도 의지의 결실로 이제야 지워버리고 웃음
으로 살아가련다. 우렁찬 행군하듯이 뜻을 펴고 열어갈 무렵
에 오늘의 보람차게 되었던 평생소원처럼 현실적 일상생활로
이어지고 '금'이는 어린 두 딸을 거느리고 살아가는 어머니로
서 가정살이에 조금도 빈틈없이 손발 길은 한결같이 가벼운 걸
음으로 웃음을 지니고 소일 시간이었다.

　새집 새살림 생활정립에서 3년 만에 안정된 시간이 흐르면
서 복되고 경사스러움이 앞에 다가오고 있으니 10월 초 6일에
첫 옥동자 갑(甲)이를 출생시켰던 가정에 기쁨을 메워주고 했
다. 이 얼마나 바랐던 아름다운 기쁜 일은 더 이상 좋은 경사
가 또 있었겠는가. 새롭게 꾸린 가정생활 속에 아들 낳고 행운
이 따라준 행복이 가득하게 꽃을 피우고 누려가기에 바쁜 일손

이 부부는 잠시도 멈춤 없이 따뜻한 손발길이 분주히 움직이었다. '금'은 결혼한 지 10년째 옥동자를 출산으로 결혼 십년 세월에 가정환경을 바꾸어놓은 경사가 가정화목에 기여한 몫이 크다고 일성을 남긴다.

08

현모양처의 생활상

　　10년이면 대자연의 강산도 변한다는데 만고행고에 십년시간이 넘어선 168개월이 흘렀다. 생활에 삶을 꾸려오면서 웃음도 있고 슬픔도 있고 즐거움도 감성 짙게 느끼며 특히 옛날 살림살이 마련함도 입에 밥 한 숟갈 더 넣으면서 빈곤과 싸워온지 십년이요 집 없이 떠돌이 셋방신세 타령이 십년이라 이젠 초가삼간 이루고 나니 가정변모가 이렇게 역사를 남긴다. 어쩌면 전화위복으로 옥동자를 낳고 현모양처로 손색없이 알뜰 주보로서 희색이 만연한 가정에 복된 행복은 주부에게 더욱 고마움은 없을 것이다. 반면에는 십년지난 부부는 가난을 벗어나려고 노력은 한층 더 힘써오던 시간에 아들딸들의 양육에 정성을 들이기가 어버이로서 어려운 살림을 보살피면서 날이 갈수록 무거운 책임감이 정서적인 걱정이 앞선다. 밤이면 틈틈이 생각하여 석유불, 호롱불빛으로 자녀들을 위하여 어문 즉 한글공부도 이따금씩 가르치기에 힘껏 전력다해 쏟아오기까지 경력은 주부가 아닌 야학선생으로, 지도이념에 충실히 가르쳐 공부열성에 신경을 애써왔던 놀라움은 영원토록 남김은 헌신한 산 증인으로 남는다. 옛 조선조 고종황제시대의 농촌생활상이란 가난은 하늘도 못말린다는 일상적인 속언도 전해오고 있지만, 원시시대의 현상을 연상하듯이 상상적인 철학관을 들여다 보면서 경제난을 현실에서 보고느끼는 생각보다 역사적인 시대인식에서 더듬어보고 남들과 함께 옛 소학교에도 보낼 수 없는 형편에서 아에 배움이란 생각조차 할 수 없는 실정에서 어린아이에게 닿소리 홀소리를 가르쳤다하니 놀라운 일이라 하겠다. 때로는 자녀에게 부엌일 길쌈질을 다독였다니, 필수요건의 일들을 위해서 가정의 일거리 중에 목화 꽃을 피우고 쐐기돌리기, 물레돌리기와 삼배삼기랑 가정에 가공품의 생산일, 가마니짜기와 새끼꼬기 등, 생활필수품을 만드는 방법을 부모 밑에서 받들어가면서 전체의 가사 일과 내조 역할에 과연 남들의 부러워할 정도로 매사 시작과 끝에 매듭은 성실한 솜씨로써 결실을 맺어주는 착실한 노력으로 말해주고 있다.

이렇게 지난생활은 추억으로 꿈 많은 사연은 구절구절이 회포에 쌓여있는 만가지중에 풀어가면서, 단 한 가지 풀지 못한 빈곤, 즉 가난은 세월에 몫으로 평생을 두고 누구도 생활 속에 두고 맞는 생활병으로 지속한다. 인생길에 살다보면 부부간에 바깥일들과 아내일이란 삯바느질과 길쌈으로 일과를 보호유지로 직업적인 생명체로 이어온 것이다. 결혼 후 14년 간 해마다 추수가 끝나고, 짧다는 겨울나기가 설한풍에 식량이 떨어져서 이듬해 정이월이면 해마다 장래꾸워서 하루 세 끼를 넘겨오면서 지탱한 실정은 한때로 점심은 걸러서 그냥 지냈던 생활도 일상적이었다. 이렇게 살아오면서 빚잔치는 가을에 좁쌀꾸어먹고 벼농사로 가을에 외상 즉 장래를 갚아야했다. 이런 실태는 앞서 이야기한 바는 겨울나기 설한풍에 식량 걱정을 하면서 자작농사가 없어서 빌려먹고 빚 갚고 나면 다음에 식량공업은 받을 수 없는 실정이다. 그토록 이런 걱정, 저런 걱정을 매년 반복하면서 타고난 인생살이라고 한다면 자가당착이란 생각도 되새겨본다. 그래서 노력은 개혁생활만이 가져다주는 피와 땀으로 얼룩지게 무에서 유를 창조한다고 경제학설을 기인해본다. 해마다 겨울식량 부족은 춘궁기에 와서 장래꾸워려고 걱정이 항상 앞선 일이다.

농촌생활이란 땅에서 얻은 곡식으로 연명해오던 실상이었다. 20여 년간 가정생활상은 벼농사로 빚진 것을 갚는 실정은 농민생활상을 있는 그대로 보여주는 그 시절의 애달픈 일인가도 깊숙이 들여다보면서 생각만 하여도 가슴이 뜨끔뜨끔하여 느낀 점은 실정에 따라 남겨 두고자하는 기록이다. 이러한 노력으로 주부로서 가정살림이 부족함을 가질 때는 시간의 틈을 선용하여 자식들과 가마니짜기랑 길쌈으로 부족한 식량을 메워서 보내는 것이 두고도 생각되는 교육이었다. 이것은 오직 생명을 연명수단으로 생산성의 노력이 아니고 무엇이겠는가? 근실과 성실에서 얻은 하나의 신념으로 하루생활에 활력소가 되고, 웃음도 행복으로 엮여보면서 살아왔으리라.

한편 여가시간이면 자녀 교육 관념의 일관된 풍속성에 따라 자녀들의 한자교육은 외가에서 (친정)외조부의 도움으로 삼년세월에 학문을 닦으며 진리를 터득토록 배움 길을 열어주기까지 정성을 쏟았다. 이토록 다듬어 키워주신 자녀들은 가사일과 숙성한 모습에 믿음직한 마음으로 반갑게 맞으며 부모의 일손을 성의껏 덜어주는 시간만은 보람과 더욱 더 즐겁도록 가뿐한 시간도 흘렀다. 이렇게 시집살이하면서 익숙해진 지 벌써 7년이란 시간이다. 결혼한 지 21년째 경과하고 인생반평생이 지난 시간을 뒤돌아보게 된다. 한 세월 속에 자녀도 벌써 5남매가 무럭무럭 자라고 의젓하게 성년이 된 자녀들이 득실거리면 오직 자녀들에게 무언의 사랑으로 어머니로서 떳떳하게 감싸주기도, 얼마나 아름다운 모정이 쌓이고 쌓여서 혈연의 소산한일로 이룬 가사의 자랑거리로 남겨주고 있다.

09

인생관, 생활철학

한해는 어차피 치러야 할 큰 일을 맞이하게 되었었다. 1937년도 해는 또 걱정스럽게 한시라도 바람 잘 날 없이 동분서주해야 했다. 부군인 낭군은 처가 권유로 현지장소에서 고용생활을 해야 했다. 원인은 지나온 부채정리가 아직도 남아 있었던 것이다. 그동안 처갓집 재물로 이어진 가옥건립 때 절반에 경비부담은 처가의 경제 부담으로 이루었던 것으로, 이제는 부채를 갚아야할 때가 왔기 때문에 의례 처가의 빚을 갚아드린다는 신념만은 가짐이나 정신적으로 굳게 다져있던 것이 백번이나 맹세하였던 것이다. 그러나 현실은 상황을 살펴보기는 하루가 걱정되고 고민을 안고, 남편으로서 자존심의 관념이 용서치 못한 점은 격분은 참기 어렵도록 걱정을 하면서 너무나 막역한 현실은 막연하였으나, 방법이란 생각도 허공같이 희망마저 안보인 실망처럼 맥 풀린 현상이었다. 단 처가에서 열두 달을 농사일로 노동 댓가를 치루고 빚 청산함으로써 마음은 고통스러워도 부채정리로 마음만은 굳은 결심을 다지게 된다. 생각만해도 정신적 피로감은 항상 몸에 배여진채 전신을 짓누른 환경을 벗었을 줄 모르게 살아왔다. 때로는 일 년 동안 열두 달이란 긴 시간 속에 묻혀진 채로 빚청산이란 큰 짐을 벗어나고 가슴이 확트인 생동감은 기대치만큼 보람을 주기도 하였다. 육체적 정신적으로 약동하는 원동력은 생활 속에서 가진 활력소가 되었다. 세상 속에 인간이란 생채가 묻어있기에 즐거움을 적셔준 기쁨은 희로애락이라 하던가. 한편 부채청산을 털고 난 후 빈 몸으로 귀가한 시간에는 웬일인지 벼락처럼 가슴이 메어지는 고통을 겪는 슬픔이 솟구치면 그 지난 가난에서 벗어날 수 없었던 버림이 아닌가 떠오른다. 이때야말로 남모르게 울먹이면서 처자식 있는 가정으로 쓸쓸히 발걸음을 돌려야했다. 이와 같은 버림받은 교훈은 앞날에 살아가는데 좋은 경험과 용기를 다져놓은 의지를 돋궈준다.

가정살이는 '금'이란 부인이 다섯 남매를 보살피면서 가정교육을 주경야독으로 일관되게 가사에 몰두하여 앞으로 희망을 두고 환경을 바꾸어간다. 남편은 일 년간 노동생활로 삶을 기대하면서 살아왔지만 주부로서 남편의 노력이 헛되지 않게 내조하여 빈틈없는 꾸려옴이 현모양처로서 능히 보살펴온 것도 가정사에 안식처를 튼튼하게끔 환경을 도왔다. 남편도 처가살이 이어오면서 가정에 오고가는 발걸음도 항상 가볍진 않지만 그래도 눈여겨 보면서 남편의 평소생활상을 들여다본 것이 자존심을 손상되지 않게 마음가짐이 관용을 베풀어준 것은 한편으로 분발계기를 마련되도록 좋은 미덕을 남겨진 일로 흐뭇한 화제가 아닐 수 없다. 홀로 자녀들을 거느리고 생활해온 노고는 엄격과 엄청난 인내력이 삶의 용기와 의지로 희망적인 활력소로 한 해를 마무리 짓는다. 주부의 역할도 알뜰함과 근면성실함을 앞세워 피땀으로 창의성을 깨우치고 자수성가의 정신정력을 자녀들에게 심어준 철학의 말씀을 짙게 남긴다. 하던 일은 끝까지 마무리 한 후에 눈길을 돌리는 정신적 마음가짐은 철두철미한 성품을 지녔기에 가정사에 심어놓은 신념적인 일상적 생활상이다. '금'의 일상적인 땀의 결실만이 주워진 값진 보람으로 살아온 과거사는 조금도 요행수는 틈도 주지 않는 과감한 정신으로 부부의 정신으로 주관적 생활상을 잃지 아니하여 가정사에 남겨놓은 결실만을 남겨두고 후일에 귀감이 되었으면 하는 마음을 전하리라.

　　일가창립 15년 후 가사생활을 하면서 그해 형제가 함께 살
아가려고 한 곳에 모이게 되었다. 부군된 남편은 처가살이 청
산하고 한곳에서 형제지간에 한 장소에서 살아보자는 연락이
왔다. 이분은 3형제 중 둘째 형님의 권유로 함께 살아보자는
부름을 받고 여덟 번째 이주를 하게 된다. 장소는 금릉군 아포
면 지동2리 속칭 강지마을 889번지로 이주정착으로 형제간에
오랜만에 형제와 동서끼리 한자리에 만나게 된다. 이삿짐은
우선 시숙집 셋방으로 옮겨서 열두 달을 살아오면서 육남매의
자녀들과 새로운 신산림같이 가정을 꾸리고 초가집에 거주한
후 한 달 만에 초가삼간을 세워서 전 가족은 새로 지은 집으로
이사를 함으로써 한해에 두 번 이삿짐을 옮겼던 것이다.

　　'금'의 부부는 셋방살이로 20여 년 가까운 해를 거듭하면
서 철새모양 이곳저곳으로 옮겨가면서 살아야하는 생활인생

에 운명을 타고난 팔자인가 되새겨지고, 막막한 일들만 개척하고 해여났으니 거룩하기도 하고 장하기도한 생각도 절절히 새겨보고 어쩌면 감탄도 해보고 경의를 금치 못한 현실을 느껴본 것이다. 어쩐지 생각해보면 인생살이 터전은 지식이 즐겁게 마련된다고 구구절절이 닦으며 토대를 이룬다. '금'은 셋방 생활을 떠나 두 번째로 초가삼간 집이란 남과 함께 창건하였노라! 자수성가한 나의 손으로 집을 세우고 자수성가로 나의 보금자리를 피와 땀이 담뿍 담긴 그 정성어린 얼이 뜻 깊게 담겨지고 살았노라고! 하면서 새로운 설계로 발돋움을 하였다.

그러나 행복한 생활로 접어들었던 것도 잠시일 뿐 불행인지 다행인지 생애 중 뼈아픈 일을 맞이하는 사고가 발생했다. 이 사고는 진정혈연의 기막힌 장면이었다. 인생이란 살아가노라면 영화도 슬픔도 동반하는 인생운명이 필연적인 면도 있지만, 새로운 가옥으로 이주한지 며칠 만에 뜻하지 못했던 운명적인 불행인지 모를 일이 다가오고 말았다. 이팔청춘의 둘째 딸아이가 세상을 등지고 말았다. 잃어버린 청춘이 이 한해의 비운의 먹구름이 덮쳐버린 가정사에 무슨 일이 이렇게 슬픔을 주고 가는 인생의 막장으로 가고 말았다. 생활에는 시간 따라 얻는 것 잃는 것이 양면에는 따라오고 가고하는 철칙처럼 맞으면서 먼 하늘나라로 마음껏 훨훨 날으며 부모님 곁을 영원히 갔으리라. 죽음에 운명은 인간사에 필히 다들의 한번은 가는 곳이기에! 오죽하면 안타까운 일이지만 청춘이 아까워서 더욱 슬픔을 지울 수가 없어서 애타는 가슴속을 들어내 본다. 현대 과학이 발전해 있었다면 소원풀이도 원망스럽겠다. 지난날 가난살이에서 오는 비운과 슬픔에서 가름하기란 애달프고 원망스럽게 회고해 본다. 더욱이 딸이었기에 서러움도 구절구절이 떠난 날의 심정만은 어디다 비할쏘냐! 이젠 멀리 떠나버린 사식은 영원토록 저 하늘에서 편히 쉬었기를 손 모아 아픔을 달래며, 혈육을 잃은 심정은 하늘이 무너지도록, 천년분통이 앞을 가리는 날 밤새도록 울음도 소용없이 가슴에 상처만 남길 뿐이었다.

　　매사에 성실한 일들은 어머님으로부터 참됨을 남겨주신 가
훈이었다. 매일 새벽부터 저녁 자정까지 눈뜨고 비비며 일어
나신 몸을 가누면서 종일 움직임은 밤 자정시간까지 일손을 마
무리하고 다 잠자리를 아래까지 시종여일로 시계바늘처럼 움
직여 오신 몸, 생활철학적인 룰을 가지고 보이지 않았다는 짜
임세의 균형을 이룬 것은 남의 모범이 된 어머님의 형상이었
다. 이러한 환경에서 얻은 십년을 하루같이 이십년을 사흘같
이 매진해온 억척은 현대판 엄마다운 또순이로 새롭게 보인 듯
도 낮과 밤을 가리지 않고, 가정주부는 생활관은 착실한 실천
력으로 가정과 자녀에게 진정 모성애가 보람되게 가꾸고 다듬
는데 아낌이 없이 보이게 된 현 실정에 나타난 것이다. '금'이
란 어머님의 모상은 부촌의 농가에서 시집을 와서 입는 것 먹
는 것을 마음에 반이라도 소원을 풀었을 리 없고 전혀 배부르

게 의식만은 형편상 자녀들에게 유산을 남겨주려면 어려운 생
활상만큼은 상속만은 잊으려고 다짐되어, 피골상접이나 초건
목피같은 실정은 벗어나 아들딸들에게 젖줄이 되고 생명체에
기적을 남겨놓은 전설 같은 실화를 남겨놓는 실정이 뒷받침 될
희망이 바램일 것이다. 이런 일 저런 일 생활상은 단호하게 가
짐하며 살아왔기 때문에 끈기 있는 생애애착을 받들어 자녀들
에게 의식만큼은 어머니로서 사랑을 주려는 심정을 보람되게
남기려고 정성을 보탬이리라.

12
18년 만에 경사

벌써 어언 반평생을 넘게 살아온 세월은 '금'이에게 생애의
보람찬 시간이 오고 있었다. 첫딸의 혼사가 이루어질 듯 귓전
을 울린 소식은 딸의 혼정은 가사에 기쁨을 주는 분위기는 가
정에 복이 되는 시간을 접하게 된다. 이웃집들도 한결같이 같
은 경사를 맞이하는데 아낌없이 격려로 반겨준 것이다.

바야흐로 대자연의 섭리 따라 익어가는 가을철이라 절경은
황금철로 결실을 이루는 가을이었다. 구시월 가을철은 일손을
잠시도 멈출 수 없는 바쁜 일손으로 마음도 푸근하게 흐뭇한
시간이 마음을 재촉하여 자식 혼사가 이루어지고 '금'이만큼은
자식들을 키워오기란 가꾸고 가르치며 아껴온 지 18년이란 세
월에 드디어 경사로운 혼례를 가져본다. 지난 20년을 돌이켜
보면 그 시절에 시집오고 하던 때가 오늘과 어제 같으니 사라
지기전에 자식을 시집 보내게 된 마음은 한결 감격스럽다고 역

역한 세월을 맞이하게 되었다. 인간사 다들과 뜻깊게 보람을 느끼는 순간을 맞이하는 즐거움이야 어디에 있겠는가!

1933년 음력 10월 18일, 인간사 인륜에 시대 따라 혼례를 평산 신호균 군과 벽진 이순경 양의 천생연분으로 성인결혼식을 만인 앞에 고개 숙여 엄숙히 인사로 마치게 된다. 순경씨는 신씨 가문으로, 칠곡군 북삼면 보송동으로 시가에, 백년가약을 맺은후 시집 생활를 이루게된다. '금'이는 지난시간을 뒤로하고 자식을 출가시킨 마음은 기쁨이 반, 걱정이 반으로 첫딸을 출가외인 의로 풍속 따라, 작별이 낳은 자식이라는 서운함이야 어디다 비할쏘냐. 공주같이 애지중지 꽃같이 사랑했던 부모 마음은 섭섭하면서 아름다움을 남겨주고 미련만 가슴에 두고 살아야했었다. 그럭저럭 가는 시간 속에 두해를 거듭하는데 외손자를 품속에 안겨보는 외조모 노릇도 할머니로 집안에 환경이 변했다.

이와 같은 인생살이란 보람을 느끼면서 마음가짐은 무거웠을 것이다. 이렇게 좋은 기쁨도 가사에 꽃을 피우기에 가정은 한결같이 웃음이 떠날 날이 없었다. 이어서 맏아들의 혼담소식이 무르익어가는 시간은 반가운 경사를 맞이하게 된다. 맏아들 종갑(鍾甲)군을 1935년 음력 1월20일쯤 인간사 인륜에 담아서 결혼대사를 갖게 된다. 신랑 종갑군과 신부 백수용양과 혼례식을 가진다. 아들은 18세로 수원 백씨 가문으로 출입을 보내면서 부모님의 사랑과 모정은 사랑과 행복함을 누렸으리라. '금'이는 타 가문에 시집온 지 이십여 년 만에 며느리를 새롭게 맞아드리는 경사로 가정은 부모님노릇과 조부모님으로 탈바꿈하게 되었다. 세상사 아니 인간사의 인생이란 짧고도 길다는 것 아닌지 벌써 사위를 두고도, 며느리까지 맞이하는 행복한 보금자리로 누리는 가사의 환경변화는 제2대의 세상으로 변천사를 보여준다.

인간은 나면서부터 운명을 타고나고 인류의 대사를 갖는 일은 천부적인 인생사에 삶터를 갖는 큰 천복을 누린 것이다. 인간사 혈연집체를 형성하는 것도 가정을 갖는데 필연적 정론으로 보게 된 것이다. 인간은 한우리에서 태어나서 자라는 동안 혈통과 혈연을 두고 나면 한두 번은 치러야 하는 인류의 대사를 갖는다면 부모님에 일부 생명체의 혈과 살과 뼈를 이어받은 자식들은 부모 자식간에 혈연혈통을 나누면서 숙명적인 실정이 따르면서 헤어져야할 운명을 맞이하는 것도 주어진 팔자를 또 한 번 돌이켜보는 것이다. 이쯤은 시간 속에 가사를 살펴오던 길속에는 부부의 사랑을 보살펴보면 둘은 잃고 9남매만 잘도 기르시어! 힘찬 보람과 출가 및 출입을 무난히 품에 안고 사랑의 열매를 평생동안 천행만고에 남긴 유산이 역사를 새겨두고자 한다.

한편 어머님께서는 셋째 자녀를 출가시키는 아름다운 경사가 이루어진다. 3녀 종순 양과 구미면 도량동 속칭 고터의 유해춘 군과 결혼식을 갖추고 진주 유씨의 집안으로 출가하여 두 번째 사위를 맞이하게 된다. 외손의 자녀는 무녀독남으로 남겨두고 유길향은 육군대위로 전역하였다. '금'이는 날이 가면서 번영번창한 가사운영에 하루도 빠짐없이 의젓한 품행으로 어버이의 움직임은 기쁨을 안고 생동감을 더해주고 한결같은 사랑손길을 흥겨웠으리라. 해마다 아들딸들 품안에 안고, 뒷바라지한 사랑의 모정은 하늘보다 높고 바다보다 넓은 깊은 사랑을 함뿍쏟은 정성이었다. 그렇게 바쁘게 사시는데, 성숙된 가정에는 한해 두해씩 해를 넘겨오면서 매년 행사처럼 경사가 치러진다.

어느 덧 둘째아들 종백군과 선산군 무을면 무등동 속칭 개정자마을 남국원 씨의 3녀 남분순 양과 혼례를 가진다. 신부 가문은 의령 남씨로 알려진다. 이렇게 둘째며느리를 맞이한다. 이쯤에 지나온 가정실정은 딸 둘은 타 가문으로 혼인을 맺고 출가했으며, 아들 둘은 타인 가문으로 출입을 시켜서 며느리 둘을 맞이하여 화목한 가사로 발돋움한 것은 '금'이로서 어쩐지 가슴이 벅차게도 기쁨과 즐거움은 날이 갈수록 생활상은 변화를 가져왔다. 금능군 아포면 지동2리 강짓골은 큰 대사를 치렀던 과거사 '금'이가 힘겹게 살아오시던 정든땅 토대를 다진 곳이었다. 후일에 전해온 이야기는 어머님의 생활에 관한 소고는 아들 딸 경사를 치를 때면 쌀 한 말 반으로 무난히 성사를 가졌다는 말씀을 듣고 그 시대의 실정에 꿈만 같은 전설이 전해오고해서, 감성으로 받아들이기는 이 억척같은 시련으로 정신력은 지탱하기란 투신력과 인내심은 타고났던 선천적인 초인간성에 과거사생활은 경험적인 길잡이로 보였다.

이렇게 고난을 겪으면서 살아오는 동안에 시국은 대동아전쟁 즉 2차세계대전은 태평양전쟁으로 동남아시아 대륙까지 미국과 일본과의 불을 품는 포성이 지구촌 천지를 진동하며, 하늘에는 비행기 폭음소리가 육지를 뒤흔들어 놓고 오고가는 사람들은 갈 길을 잃고 방황하고 있었다. 조국의 백성들은 생사를 오고가는 숨 막히는 전시에도 무릎 쓰고, 인륜의 대사를 네 차례나 무난히 맞이하였는가 하면, 한때는 희비쌍곡을 이루는 파란많은 기억이 희미해지기 전 어머님의 지나간 흐름을 더듬어 가면서 추억된 일들을 다시 한 번 뒤돌아보면서 교훈삼아 대의적인 숙명을 짚고 넘어가야할 시대인식을 읊으면서 남겨두고자 한다.

한때는 시집살이로 지탱해온 실태상을 사위가 앞서나 며느리를 앞에서나 떳떳한 부모님으로서 품행을 갖춤이란 빈틈없이 짜여진 인격다운 갖춤이었다. '가화만사성'이라 하던가는 삶의 가훈처럼 피부에 와 닿는다. 인간생활이란 너무나 큰 시련이 몇 번이나 거쳐야 했듯이 즐거움과 슬픔이 동반하여 역사는 꿈꾸는 자에게 있다는 창조의식이 때로는 손자손녀도 잃어야하는 비운도 남겨놓는다. 아들딸 며느리는 옛날 풍습 따라 밖의 어른들 앞에서 마주하기란 일 년 동안 몇 시간은 짧다는 가정사 분위기였다. 부모님의 밭일 들일은 바쁘게 사시는 부모님을 보면서 자연스럽게 생활분위기로 문명시대의 섭리를 타고서, 시종여일하게 움직이면서 하루종일 새벽잠 일깨워지고 저녁이면 이웃집 작동댁 디딜방앗간에 보리방아 찧고 나면 밤새워 길쌈손질이 밤을 지새운다. 어머님은 매일하던 일이랑 반복생활은 끝도 없이 해야할 일이 자고나도 걱정을 안고 철따라 발걸음은 옮겨갔다.

한편 해마다 뼈아프게 피땀 흘려 가꿔온 지 식량만큼은 시대의 세계전쟁중이라서 군량을, 일본제국주의 치하에서 서러움에 짓밟혀서 곡식은 공출로 전쟁양곡을 빼앗겨오면서 식민지 굴욕에 상처만 남겨진 것이다. 심지어 어머님은 시집오면서 백년언약 맺은 낭군과 사랑을 담은 밥그릇의 놋그릇도 왜정놈에게 전쟁물자로 송두리째 빼앗겼으니 그것뿐이겠는가! 아들딸들을 강제로 징용모집에 어찌할 방법 없이 당하는 지옥 같은 세월은 하루가 편한 날이 없었다고 전한다.

이것만이 아니었다. 옆집과 벽돌 담벼락 사이로 샛길을 열고 살아온 이웃집은 한 혈족인데 작동댁의 맏아들이 진규란 조카는 왜놈에 앞잡이로 동네의 반장이란 완장을 차고 어머님의 살림살이를 밀고하여 막심한 손해를 많이 끼쳐서 두지곡간에 두었던 벼를 왜놈과 함께 강제로 빼앗아가는 인정도 메마른 세상속에 살아왔음은 두고도 슬픈일로 두고도 안타까운 일이라 하겠다. 더구나 가정에도 형제지간 또는 숙질간에 오고가는 입씨름이 불쾌한 불화가 연속이었다. 이것 참 말 못할 답답한 일이 아니가. 생각도 걱정을 더해주고 있다. 이것뿐인가. 아버님과 어머님은 작은 아버지의 주선으로 이곳 강지고을서 살아온 정든 고을이었다. 하루는 벼락같은 작은 아버지의 무서운 일성이 터진다. 다름 아닌 데려온 자식 '진태'아이 조카 때문에 말썽이 되면서 불화가 가정에 일어난 것이다. 행여나 동네사람들이 소문 따라 급급하게 되자 서자운운 하던 일들로 하여금 동생과 제수씨에게 즉 아버님과 어머님께 (부부)의 책임을 추궁하여 걷잡을 수 없이 곤경에 처하였다. 알고 본즉 맏아들인 종갑이가 헛소문을 퍼뜨린다 하여 강력한 꾸중으로 인해서 아버님, 어머님은 울분을 참을 수가 없어서 아들 종갑이에게 책임을 묻게되니, 호랑이같은 아버님의 명을 듣고 견디다 못하여 종갑이는 무서운 질책으로 행방을 감추다시피 숨죽여 숨어 살아왔던 실상은 하루 이틀도 아니고 오월동주식으로 딱한 환경에 놓였던 것도 가슴 아픈 일이 어머님의 가슴에 크나큰 상처가 되고 지금도 울부짖는 애환의 한 토막 거리로 거론된 이야기다.

가지 많은 나뭇가지에 바람잘 날 없다더니 시집간 맏딸은 아들형제를 두고 득실득실거리며 보람있게 살아오던 중에 맏사위는 무거운 몸을 지우면서 고향을 싫다고 이국만리 태평양 현해탄을 건너서 일본으로 건너가서 실향민이 되었다는 비운의 소식을 삼키면서 설상가상으로 가슴을 짓누른 세월로 새겨진다. 이러한 시간이 흐르면서 집에는 바깥부모님의 엄격한 성격에 잠자리는 숨겨 재우는 맏아들의 삶은 마음 아픈 편안할 날 없이, 조마조마한 그날은 눈물겹게 지새우며 지나오기란 아들 종갑은 피신생활을 하루도 빠짐없이 나그네 모양으로 정처 없이 방황하면서 어머님께나 맏누나에게 청하기를 장사해서 돈 벌겠다고, 밀곡식 다섯 대만 주면 경비를 마련하여 부산에 가서 기대했던 용기를 내어서 결코 타향 부산항으로 실천에 옮겨 현실을 따라, 기차바퀴에 매달려서 차비 절약 수단과 집념으로 천릿길을 오고가면서 시간을 보냈던 일화도 추억같이 보냈던 과거사의 남음이다.

이것마저 하루 이틀이 아니라 지속할 수 없는 형편은 막연한 현실에서 머물게 된다. 매일 한날한시 같이 아버님의 두려움에 일상에 쫓겨다니며 숨은 길속에서 마침내 어느 날 붙들려서 비참하게도 꾸중과 매를 맞고 무언에 아버님께 빌었으나 참지 못한 아버님의 성격에 벌을 받으면서 부친의 걱정만은 매질로 지도한 엄격한 성품이었다. 그러나 아들자식으로 부모님께 효도하겠다고 다시없는 마음에 맹세했건만 다시없는 효행은 정성을 다할 것을 반성도 하였으나, 과거사를 새기며 훌륭한 인간이 되겠다고 거듭 다짐도 남겼다.

왜, 사촌을 서자로 타의에 의하여 피신살이는 선의의 피해자로 등장한 인간으로 안타까운 화제의 주인공으로 낙인된 일이다. 그 이후로는 늘 가정인들 부우함없이 평소생활로 정서적 현실에서 집안 살림을 다독이며 평소와 다름없이 생활에 전념하듯 시간의 공간에서 새로운 사연이 울렁거리고 있었다. 지난 시간 속에 부자지간에 불편도 느꼈지만 맏아들은 객지에서 돈 좀 벌어보자는 큰 희망을 갖고 돈, 돈하면서 남들처럼 잘살아보려고 처자식을 버리고 부모님과 형제남매지간을 떠나기로 결심하여 이별의 시간을 남기고 다시 만나겠습니다! 성공하여 돌아오겠습니다. 머나먼 이국땅에 바다건너 일본으로 떠나야했다.

이날은 오뉴월로 드는 날인데, 종갑 형님은 밀짚모자를 쓰고 정우적삼 무명옷 차림으로 떠나는 모습을 필자(종립)가 동네앞 밤나무와 참외수박밭을 지키기 위해 친구 김윤배의 원두막에 놀던 시간에 형님께서 원두막 밑으로 뒤로하고 지나는 모습은 지금도 생생하다. 그 때에 철없이 그냥 새겨본 일이랑 추억으로만 소설 같은 생각이 나이 90세에 가까운데 무엇을 얻고 남김이 있겠는가! 그때의 형님의 마지막 모습은 눈물도 없이 그냥 철없이 내려다 본 것뿐인데, 지금에 와서 생각하니, 나이도 있지만 지난 부모님의 생애를 거슬러 생각하면 눈물이 이슬같이 눈을 적셔버린다. 그 현장의 형상을 상상하면 누구나 만류했겠느냐고 묻겠지만 지금은 한숨만 쉬어진다. 가상이때의 현장을 들여다본다면 한숨지어 땅을 치고 울음을 쏟은들 무슨 소용이 있었겠는가! 영원히 떠나버린 그때의 모습은 상상만 해도 그립다. 다시 한 번 새겨보는 시간이 아쉽기만 하다. 부모님에 걱정만큼은 가슴속의 구곡간장 찢어지도록 불러

본들 무슨 도리가 있었겠는가! 앞에서 언급했으나 가난은 하늘도 못 막는다고! 이미 주워진 운명을 극복하려는 애달픈 사연도 많다더니!

어느 날 어머님의 남긴 말씀을 그대로 전하려고 글을 새겨두면서 기록한다. 하루는 맏아들 종갑이가 일본을 가려니 준비할 현금이 50원(그때의 화폐가치)을 구해달라는 아들의 애절한 애원을 어머님과 맏누나께서 마을 뒷집에 사는 김종환씨의 속칭 삼병씨댁에서 50원을 꾸어서 여비를 어렵게 마련해 주었다. 이렇게 준비하여 떠난후 며칠이 경과하였다. 갑작스런 소식이 가정으로 문을 두드리게 된다. 내용인즉 기차가 김천역으로 출발하여 아포역을 경유해서 부산역에서 일본으로 건너간다는 마지막 전한 소식이었다. 아! 이제야 떠나야할 몸이오니 어머님께 한번 보고 싶어서 전한 연락이었다.

이때 어머님께서 엄격한 남편의 눈길을 피하면서 일단은 한숨을 돌려서 아들이 평소 입던 옷 한 벌과 갖가지 일체를 갖추어서 아포역 행선지를 향해서 걸음을 재촉하여 아포역에 당도하였으나, 많은 사람들 가운데 만날 자식은 보이지 않고, 기차는 떠나는 기적소리가 울리고 해서 인편에다 열차에 옷가지를 동행하는 이에게 종갑이에게 전해달라고 던져준 그 순간은 눈물만 삼키면서 집으로 돌아서는 발걸음은 한걸음 두걸음 걸어가면서 아포역을 뒤로하여 산등 고개 넘어 힘없이 귀가했었다. 그때의 어머님의 가슴속 심정은 어떠했겠는가. 상상도 못해 갈기갈기 찢어지고 아픔으로 메워졌으리라. 아픔도 슬픔도 태산인들 막을 수 없고 달랠 길도 없다. 한 많은 인생살이에 주어진 운명이라면 울어본들 아니 잊어본들 어찌 이날은 영원한 날이라 될 수가 아닌가싶다. 생활에 쫓기고 세계대전에 시름하듯이 고생을 하여야하는 운명을 가진 채 삶의 개척하는 정신으로 고통을 참고 머릿속까지 스며들던 삶을 위한 희생으로 부를 쌓으려고 노력을 경주한다. 처음부터 생활의 가난을 지우려고 백방노력은 언제인가 결실을 맺기를 희망하면서 분주하게 오늘도 만사에 힘을 주며 노력의 땀을 그릇에 암으려는 생애의 보람이 될 것이다.

여기서 한 가지 더 기록해서 남겨야할 것은 부모님과 자식 남매지간의 혈연으로 우러나는 혈정은 모정에서 찾아진다. 어느 날 하루는 아들이 일본 땅으로 가야하는데 서류상 구비할 한 가지 어려운 것은 관할관청에 확인이었다. 왜정시대에 업무일이긴 하지만 아포면소재지 경찰지서에서 아들이 일본 땅으로 가는데 부모님의 동의로 도장이 필요하다 해서 부모의 승낙이 있어야 가능하다는 것이다. 그래서 어머니께서 아버님 모르게 인감도장을 가지고 경찰지서 당국에 가서 확인 도장을 찍어준 모정의 일화도 사실을 밝혀둔다. 그래서 일본으로 가게 된다. 집에서는 아들이 떠날 때 50원 빚을 내서 여비를 마련해준 빚을 생각다 못해서 어머님께서 네 삼병씨 돈 50원을 전해주면서 어떻게 할 것이냐고 다그쳐 물었더니 벌어서 갚아

주겠다고 마지막 한마디가 오늘에 생생하게 살아있는 말씀이 전해진다. 그후 일본 땅을 밟고 한 달이 멀다하고 빚청산 돈이 조국에 계신 부모님께 송금이 되면서 빚을 청산하게 된 부모님 마음이야 한도 없이 기쁨의 기분은 자랑스럽게 걱정하던 부채를 갚고 나서 즐거움은 더 이상 바랄수가 없었다. 송금해온 돈은 3만으로 백부님께 3원을 대접한 흐뭇한 일화도 있었다.

또 한가지 더 이야기로 어머님께서는 살던 곳 강짓골 행정구역은 지동1리이다. 함께 살던 동네의 댁 호가 공상골 박찬암 씨댁과 홍 약국댁의 보살펴줌은 지금도 고마움을 지울 수 없었다고 느껴진 과거사를 털어놓는다. 지난 세월을 원망하기보다 생애의 가사 일은 삶의 터전따라 엮으면서 지금에 와서 기억을 살려서 1980년 9월 23일에 기록한 것을 필자가 잊지 않고 정리한 것이다.

13
아홉 번 이사, 고향땅 정착

　　1944년 1월 음력은 섣달이었다. 계절은 동지섣달 기나긴 한파는 천지를 휩쓸며 몰아치는 것이다. 다시 지난일로 거슬러 올라가서 고향을 떠난 지 25년 만에 일가친척이 오손도손 모여 살던 별남땅에 다시 오뉴월 메뚜기 옮기듯 돌아오게 되었다. 아버님께서는 새벽잠을 일찍이 깨워가면서 이삿짐을 소바리에 싣고 앞세우고 몸소 지게 짐을 지고 가족들은 머리위에 얹어 이고 차디찬 추운 날을 무릅쓰고 이삿짐을 태어난 고향으로 옮겨지고 있었다. 살아왔던 정든 땅 강짓골을 떠나야 했다. 정성껏 정들게 심어놓고 식구들을 데리고 정든집을 버리고 떠나는 시간은 새로운 삶의 터전으로 희망을 찾아가는 보금자리에 옮겨진 이삿짐을 각각 나르는 그때의 필자는 기억을 그대로 살려가면서 보따리를 풀어서 정돈한다.

　　아침식사를 끝마친 큰형수는 어린 시누이 종필이를 업고

작은 형수는 새댁 꾸밈으로 따르며 어머님은 봇짐을 이고 아버님은 외출복으로 필자와 함께 고갯길은 큰 마을을 지나 까꾸리 고갯길재를 넘어서 산기슭 옆으로 돌며 오름길 내리닿는 삼여리를 걸어서 뒤따랐다. 가야할 곳을 엄동설한을 싸우면서 드디어 별남땅에 도착하였다. 마을뒷산 등곡산은 북봉산으로 부르던 산 밑에는 초가집 10여 채가 옹기종기 담벽을 이루고 사이마다 돌담도 이어가고 한집 두집을 인접하면서 이웃을 만들고 서남쪽으로 위치를 보기 좋게 자리를 잡고 고을이 형성되어 있었다. 백부댁 큰댁은 들머리를 들어서면 나그네 발걸음이 두리번했던 순간에 집안에서 맞이하는 어른과 아이들은 새로운 사랑으로 다정하게 맞아들이기도 했다. 워낙 겨울날씨라 안으로 안내받았던 작은방 큰방이랑 사랑채에서 여장을 풀고 하룻밤을 세우고 난 후 이튿날 주거지로 옮겨서 살아야할 집으로 옮겼다. 그동안 옮겨놓은 이삿짐 꾸러미란 식구들에 의하여 가사정리로 바쁘게 살림살이 정돈으로 한창 일손이 움직였다. 이에 따라서 연이어 3일간 아버님과 형님 두 분은 '종백형님', '종극형님'은 천리 길을 새벽같이 잠을 지새우면서 새벽닭의 첫 울음소리와 함께 눈을 비비대면서 갱죽 한그릇 한 모금을 적셔서 허기를 겨우 면하고 팔다리 기지개를 펴고 나선다. 지게 짐을 지고 험란한 까꾸티재를 넘어서면서 꼬부랑길 개천길따라 산길을 밟으면서 걸음을 하나 두 번씩 딛고한다.

옛날이야기로 이주정착하려면 이삿짐만큼은 사람들의 육

체노동으로 제일 힘든 작업으로 힘으로 지탱하는 작업이었다. 특히나 등짐지고, 이고, 싣고 나르는 일이란 복합 다양한 노동일손이 뒷받침한다. 삶의 거주지로 옮기는 노동등심은 정신적 육체적 한 몸에 한 동작으로 반복연속성을 가진다. 살기위한 필수적인 조건은 노동이 최우선으로 생각된다. 짐을 지고 갈수록 내려 짓누르는 지겟짐은 노동자의 육체적 정신적 무게가 고통을 더욱더 가해오면서 전신에 땀줄기는 비 오듯 타고내리는 땀방울을 손으로 걷어 뿌리면서 가끔씩 쉬어가면서 한숨도 내품으면서 추위는 온데간데없이 물 끓는 수증기모양 뭉게뭉게 풍겨지는 김이 피어오른 것이 아닌가! 이것은 하나의 자연적 섭리로 받아들여진다. 한때는 옛날 생활은 누구나가 체험해 살아온 인간사의 생활상을 느껴진 채 체험이다. 자연 속에서 걸러서 생산물을 먹이로 만들고 뱃속 채워 허기를 밀어낸 것이 풍요로움을 쌓고 살아오던 시대인식에서 살펴보면 경험 못한 젊은 세대의 의식은 현세대 문명의 차이점이 너무나 크다고 청명하게 보인다. 보고 듣건대 후손들은 이해하기란 역사 속으로 들여다보이는 감성과 감정만이 생각하게 이르게 된다.

이렇게 이삿짐 운반으로 고생했던 과거사가 정착한곳은 봉곡동 별남에서 하루밤을 지내고, 이튿날은 별남 앞 산 두류봉 동산 종산으로 1km 위치한 종산관리하는 집으로 정착하는데 마무리가 되었다. 행정상 구미면 부곡동 37번지며 이웃부락은 전주고을이었다. 사방은 야산으로 병풍처럼 둘러싸여 있고 산 능선마다 나무들은 밀림으로 채워지고, 빈자리에는 선조들의 묘소가 여기저기 보이며 높고 낮은 곳에 봉을 이어놓고 있었다. 자연임야는 풍경은 그대로 야산답게 숲은 울창했다. (필자는 보는 대로 생생한 자연과 가정 상을 들여다 보고파했다)

좌향은 정동쪽으로 자리 잡은 초가집 몸체랑 가운데 큰 방 하나 우측은 마루가 있다. 좌쪽은 정지부엌이 위치해 있다. 마당우측은 아래채 소마구칸하나, 방하나, 옆은 디딜방앗간이 자리하고 있다. 집의 전체 모양새는 기억자로 위치한다. 뒷담은 자연산으로 가림을 하고 대나무 숲이 담장역할로 보여진다. 현재도 무성하게 성장한다. 집구조는 몸체와 아래채는 오늘에 가정주택과는 대조적인 건축물로, 담벼락은 진흙과 돌을 섞어서 벽을 쌓고 초가집으로 살도록 꾸며진 옛날 집이었다.

마당에서 뜨락까지 오르는 2단계 방까지도 2단계로 들어 앉게 된다. 나무와 흙과 풀들이 건축자재로 크나큰 구실로 주택 구조를 이루고 있다. 방천정은 서까래가 송이 난 부분을 도끼로 한두 번 찍어버린 채 껍질만 벗겨서 걸쳐 놓았으며 거기다 석가래를 덮어서 연결한 상자는 수굿대비와 솔잎가지고 얽어지고 흙덩어리와 겹치게 덮어놓는 실정이다. 그 위에는 짚다발로 차근하게 여기저기 걸쳐놓은 모양으로 하고 그 위에다 짚단을 차분히 열 지어 순서 있게 깔고 나서 다음으로 연계마름으로 지붕을 돌려 이으면서 집 형체를 만들었다. 지난 일이지만 썩은 지붕에 솔잎으로 끼워서 빗물이 타고 내리지 못하게 물막음이었다. 집벽은 흙과 돌로 쌓고 서까래와 연결부분을 이루며, 방문은 동쪽방문과 마루문 정지로 통하는 셋문으로하고 서쪽에 뒷벽에 창구를 둥글게 한 뼘 정도로 뚫어서 햇빛을 받아서 방안을 환하게끔 구실로 사용했었다. 한편 마당에서 큰방으로 가려면 마당돌 디딤에서 발을 올려놓은 다음은 한걸음 올려놓으며 엎드려 오르고 중간계단을 딛고서면서 뜰에 닿는다. 한걸음 더 옮기면 마룻바닥에 울퉁불퉁한 지평을 닿도록 해서 마지막 큰방에 들게 된다. 이렇게 다섯 계단을 평소에 오르내리면 허리를 45도로 굽혀서 오르면 무릎과 가슴이 맞닿는 험한 등산길처럼 꾸며진 구조상의 기초 바탕이었다. 벽담 흙은 반죽으로 뭉개서 뭉쳐서 덩어리째로 차근차근 쌓아올린 돌벽담이다.

방문은 앞문과 마루쪽문이 방으로 출입문 역할을 하는 문이다. 문살은 마치 판자문살로 가로세로 맞연결한 문살은 이색적이다. 큰방에서 부엌으로 통하는 작은문은 식사시간에는 제구실을 톡톡히 하여온 유일한 창구 역할을 한다. 창호지는 시멘트종이로 사용하며 다른 종이는 외가 집에서 마련된 가사자료로 두루마리를 사용했던 종이를 이용했다.

다음은 식당문화를 살펴보려한다. 부엌은 위생관념을 관찰하기가 그 시간에 옛생활풍습이 원시시대를 방불케 하는 어두컴컴한 내부시설에 무어라고 표현하기란 그저그렇게로 넘겨진 형편상 느낀대로다. 그때만 해도 놋쇠그릇 아니면 사기그

릇이다. 그릇을 씻고나면 엎어놓을 곳도 없이 그 모양 그대로 흙바닥위에 그릇을 엎어놓는 것이 일상의 모습이다. 밥그릇하나 사용할 수 있는 찬장도 없이 부엌살이로 찾아볼 수 있었다. 사방은 어둡고 컴컴한 분위기에 성냥불을 켜서 큰솥에 밥을 짓고 동솥에 국을 끓여서 준비가 된다. 안으로 공기는 땔감에서 품는 연기에 눈코를 뜰 틈도 없이 매섭게 숨을 쉬기가 고통스럽기도 부엌 안이다. 연기에 그을린 먹색 같고 천장에는 거미줄이나 그을음은 매달려있고 음식물을 마련하기에 생각하기란 환경이다. 심지어 찬장 하나 없이 부뚜막이란 다진 흙바닥을 이용했던 시대가 있었다. 특히 마당에서 부엌을 오르내리기란 여간해 힘들고 어렵게 조심조심 긴장한 걸음으로 몸가짐이 균정을 잡고 움직여야했다. 오르는 계단은 육계단을 밟고 선다. 일상생활에 얼마나 안으로 가족이 긴장한 감으로 살아왔던 실정을 잘 나타내고 있다. 가정에 아낙네들은 샘가에서 부엌까지 걷는 길은 4~50미터 정도로 걷는 길은 일상적인 것이다. 또한 집구조상 우측 아래채집은 낮은 편이라 구조는 생활에 드나들기가 편리하다.

집주위는 담장이라는 것은 찾아볼 수가 없었다. 옆은 야산에 조그마한 능선을 파고들어서 집터를 닦았으며 뒤로는 언덕이 둘러쌓아 앞은 훤히 트인 채 누가 울타리삼아 심어놓은 대밭이 울타리모양 둘러있다. 지형에 따라 자연성 그대로 이루어서 담장은 대나무와 언덕과 숲이 어울려서 제구실로 보인다.

샘이란 곳도 재실과 아랫 채 사이에 우물 샘으로 구석진 곳에서 자연물이 솟아나고 한 것을 손수 가꾸어서 물이 고이도록 정성들여 자연정수를 갖게 되었다. 이물을 사용방법은 바가지 그릇으로 떠서 사용한 샘물이 유일한 약수역할을 오래도록 갈증을 해소했던 곳이다. 이렇게 사람이 살아가는데 자연의 생태로 여러 가지 형성이 되어야만 생활유지에 지속될 수 있다고 필수적인 여건형성이 아니겠는가 싶다. 옛적에 인류의 활동상에 생활문명은 자연의 흙의 문명을 발상근거로 당연히 생각된다. 더듬어보면 문명이란 사고는 깊어갈수록 태고의 흐름에 감성을 사로잡혀주는 방향에 다가선다.

그간에 부모님께서 살아오시던 초가집들은 오랜 해묵은 산세 속에 초가움막집 같은 집으로 흙과 돌 나무와 풀잎으로 여러 가지 조화를 이룩한 시대의 예술적 가치성을 하나의 작품이 창작한 현실성을 보여준 것이다. 천년 묵은 이끼와 거미줄은 변치 않으니, 금방이라도 구더기가 꾸물거리며 기어 나올 듯이 오막살이 생활에 안식처로 삶을 누려온 후 오늘의 돌가루문명의 흐름과는 엄청난 차이로 구시대의 주택환경을 상상하며 넘어야 할 것 같다. 초가집이란 앞과 옆은 5미터나 10미터정도를 벗어나면 산이고 숲이 밀림을 이룬다. 크고 작은 능선줄능은 평소 밟고 지나는 전형적인 토대로 남긴다. 산 능선을 오르면 자연의 풍경은 그런대로 절경을 이루고 있다. 산에는 새와 야생동물들은 육안으로 보고 즐거워하며 자연과 더불어 살아오던 생활상은 즐거운 산림 속에서 찾는다. 살아오면서 자연에 도취되면서 눈길에 산을 타고 사방팔방으로 뛰면서 등산놀이로 자식들과 마음껏 보람을 즐겼었다.

이듬해 봄을 맞이한다. 농사일이 다가오고 일손이 바쁘게 움직이게 재촉한다. 이제 와서는 앉은자리는 타의반 자의반으로 고향땅에 찾아든 사연도 구구절절한 실상도 느껴진다. 조상님들이 가꾸어온 지 산과들은 종산 산림재산으로 보살피고 가꾸려고 찾았던 고향이라 하겠다. 조상님의 살림살이로 조상님의 얼을 되새기며 자손들의 도리로서 가꾸고 닦음으로 보람되게 살아야했다. 경작지로 위토지로는 3천4백 평 밭 1,850평의 소작지 농사였다. 자작농지 터는 전주골 비성등에 6백 평을 이주하면서 마련한 유일한 옥토답으로 가진 유산이었다. 전체가 부동산으로 1944년부터 1945년까지 맞이하고 토지를 이용해서 농사일을 시작한 것은 전부가 부동산이었다.

매년 일철이면 흙과 벗 삼아 논밭에서 생활시간을 보내는 노련한 대가는 푸짐한 생산으로 우선 따뜻하게 밥 한술 먹어보는 모습으로 탈바꿈을 이룬 감성은 즐겨본 인간사 기쁜 시간이었다. 그래도 부모님은 내일을 위해 절약검소한 생활상은 하루도 빠짐없이 가훈으로 살아왔으니 남긴 교훈이라 생각된다. 한편 때로는 부모님의 가슴 아픈 일은 남모르게 걱정을 하루도 잊을 수 없이 살아온 일과 중에 맏며느리였다. 아들자식은 이국만리 떠났던 후 며느리는 친정에 왔다갔다 생활에 보람을 잃고 청춘이 홀로 살아감이 어설프기도 부모님보기에 애처로워서 항상 외롭게 살아왔던 것이다. 아버님과 어머님은 큰마음으로 용단을 내리시어 드디어 맏며느리에게 삶을 누리게끔 재산을 나누어서 맡겨준 것이다. 1948년쯤 되는 해에 분재재산 몫으로 800평 상당 논 값으로 현금을 지불한 사연은 부모 된 도덕적 책임감으로 정성껏 베풀어주신 역량은 훌륭하신 영단을 내린 소신이었다.

그 후로는 며느리는 홀로 전전하면서 산업시대 상업을 종사한다는 소식을 접했으나 시국이 1950년 6월 25일 사변으로 인해서 피난생활에 행방불명 되어버렸다. 20여 년이 지난 후 부산에서 살고 있다는 소식을 확인하게 된다. 이렇게 전해들은 소식을 분석해보면 사변이전에 맏며느리의 부모님이 사돈집에 들려서 하룻밤을 유하면서 양쪽 사돈 간의 의견일치로 즉 부모님에게 장사밑천을 마련하여 달라는 애원이 밤새 역사가 이루어진 무엇인가 착잡한 수수께끼가 있었다는 것이다. 양부모님 입장에서는 남편 없이 홀로 떠도는 며느리의 인생을 생각도하며 아들까지 생각하여서 불쌍히 여기시고 재산까지 분재한 실정을 당연히 했어야 했으나 한편으로는 깊숙이 생각해서 동정이 필요하다는 것이다.

자식은 일본 땅에서 거주하면서 소식을 보내온 것을, 내용은 알뜰하게 벌어서 우편송금을 감안하면 일본에서 처갓집으로 한해에 한두 번씩 서신이 있었다. 이때의 서신한 내용은 불쾌한 서신관계로 맏며느리가 서신관계로 편지가 오고가고 불규칙적인 시간이 흐르고 있었던 것을 재삼 고려하면 처에게 마지막 의견정도의 소식으로 끝맺을 것까지 암시한 구절이 있었던 일이다. 그래서 시부모까지 언짢은 잡담도 남겨진 일도 전한다. 그 후로는 한혈통의 가문에 이어 가풍을 지녀야했지만 맏며느리는 추측하기에 어차피 홀로 살길을 택한 궁여지책으로 시부모님께 성의껏 애원한 결실은 성공으로 하여금 받아들여진다.

한해가 지나고 두해를 거듭할수록 피땀으로 얼룩진 노력으로 경작지가 풍요를 가져다준다. 한편으로 비운은 가사에 떠날 수 없이 뜻밖에 6남매 중 막내아들을 잃고 며칠 동안 식음을 잃고서 며칠을 목메어 통곡으로 가슴이 메어서 불행이 앞을 가리고 있었던 것이다. 어찌나 자식이 어머님의 가슴에 묻고 가는 길을 원망인들 막을 수 없는 괴로움이 어디 있단 말인가! 이 불효자식이라고 목이 메도록 울어 봐도 산울림만 메아리쳤을 뿐! 쓰라린 슬픔만이 남긴다. 이러한 비운은 살아오신 생애에 두 번째 슬픔을 당하여 그날을 새겨보는 역사적인 상처로 남겨놓는다. 이 불행은 인간사 행로에 주어진 숙명인지 인수 없지만 그동안에 가정형편상 어려운 점도 감안했으나 자식 잃고 나니, 며느리마저 떠나야할 쓰라린 생활에, 멀리서 바다 건너 생사를 알수 없이 궁금증은 구곡간장을 끓는 가슴에서 사라지기도 전에 남의 자식 며느리를 홀로 살도록 내보내야할 운명은 팔자소간도 가시밭길 같았다. 이 아픈 마음을 부모님인들 자식인들 누가 십분의 일인들 쓰라린 아픔을 달래어 주는 이 없이 밤새 지새우고 울었다는 슬픔이여! 다시는 없어주소서. 높다란 하늘과 먼 산만을 보고 빌었으리라.

이것뿐인가. 1945년 8월 15일 태평양전쟁은 왜적인 일본국의 항복으로 끝나는 그때의 일로 생각된다. 지난날 해방되기 전에 일이지만 조국인 나라가 일본에게 침략으로 국토를 빼앗긴 지 36년을 지루하게 밟혀온 세월은 깨끗이 씻고 아름다운 우리 옛 강토를 찾는 날이다. 일제하에 조선인들은 징병이나 징용으로 끌려갔던 청년들은 해방을 맞이하여 물밀 듯이 동남쪽 부산 항구로 속속들이 고국 땅을 밟고 있었다. 해방을 맞이하여 1941년부터 1945년까지 우리 동포들은 이국만리 남쪽 나라에서 해방을 맞이하여 고국의 고향 찾아 하루도 빠짐없이 수만 명씩 부산으로 도착하고 있었다. 자식을 타국 땅에 보내놓고 이제야 돌아오겠지. 기다림의 마음속은 부모님의 간절한 심정이야 어디다 비할 바가 있는가! 자식을 기다리며 동서남북으로 소문따라 뜬 눈으로 수소문하면서 매일같이 지새워야했다. 한 해가고 두 해가 가도 남들의 자식은 돌아왔건만 내자식은 소식이 없는 것이 아닌가! 기다림 속에 궁금한 시간에 억누를 길 없어 하늘의 신에게 물어보고 무당에게 점괴를 열어보기도, 생사를 더듬어 보면서 언제나 만나게 될는지도 애타게 별별 방법까지 동원해보았으나 소식은 영원히 끊겨버린 것이다.

이렇게 자식생각에 눈물이 마를 리 없었다. 늘 밥한 숟가락 제대로 입에 닿지 못했으니, 냉수 한 모금도 시원스럽게 넘겨본 적 없이 고민과 두통은 전신에 짓누르는 압박감은 떠나지 않았다는 당시 5~60대의 엄청난 괴로움은 지금까지 애끓는 심정을 잊지않고 오래도록 새겨지는 것이었다. 이것뿐이겠는가. 때로는 호롱불 아니면 촛불까지 켜들고 하나님에게 빌어도 보고 구만리 자식에게 정성을 보내면서, 손 모아 빌어도 보았다만은 오늘날까지 남은 것은 모정이 아닌가! 멀리 가 버린 허무감만이 남겼을 뿐이다. 아들이랑 며느리는 부모님 곁을 떠나서 작별인양 그림자 없이 사라져버린 허무함이 다시 한 번 마음에 상처를 남겨놓은 것으로 돼버렸다. 이토록 몸부림치며 울며불며 불러 봐도 못 보게 된 자식에 가슴을 두들겨도 한을 풀길이 없었다.

어느 날 초여름이었다. 자연에 만물은 땅속에서 새싹을 땅 밖으로 내밀면서 햇살을 반가이 빛을 받으며 고개를 들고 솟아나 푸르게 자연을 초록색입고 변장으로 뽐내기도 했다. 사방은 밀림으로 고요한 공간에 깃들이며 숲가지에는 비둘기랑 산새들이 날고 공중공간을 마음껏 난다. 어머님은 걱정도 버리고 찾을 수 없고 맏자식을 못 잊어 보고파라! 자식 얼굴 새겨보고 울분을 가눌 길이 없어서 끝 종말이 종필을 등에 업은 채 집 뒤에 조용한 산골짜기에 가서는 이국만리 떠나가 있는 아들자식 때문에 자식을 한번은 보고파서 땅을 치며 울어도 보고 자식을 불러보아도 대답 없는 자식생각에 손으로 땅을 파며 통곡한들 무정하게도 아무런 소용없는 자식 생각에 원망도 태산같이 솟구치건만 답답한 심정을 풀어보았단다. 이런 사연도 계곡에서 울분을 쏟아 아무도 아는 이 없는 막내를 업은 채 손톱이 닳도록 피가 쏟도록 땅바닥을 긁으며 잔디를 뜯었으랴! 어머님에 모정의 원한은 피와 살이 뼈까지 자식에게 새 생명을 보람되게 가꾸었지만 애석하게도 답답한 슬픔만이 남겨놓은 말씀이 오래도록 알려진 일화로 생각되는 한 많은 추억 속으로 살아서 남긴다.

지금까지 밝혀진 사사건건 생활에 가정사는 살아 움직이는 생물의 버팀으로 구절구절 걱정과 행복 속에서 살아오던 시간이 흐르는 세월에서 전식구가 노력으로 극복한 결실은 알뜰한 삶을 보살펴서 날이 갈수록 넉넉한 여유를 가지며, 가사에 식량걱정은 밀어내고 해마다 식생활은 행복했던 가족들에게 크나큰 성공된 선물이라고 생각하게 된다. 한숨 돌린 생활은 하루가 멀다 하고 가을농사는 눈여겨보면 농장에서 안집 마당까지 곡식가마니가 쌓여진다. 매년 농사일손은 느긋하게 움직임은 노력대가를 비축한 식량은 가정에 웃음꽃을 피우고 안정을 찾아 생활혁명이 희망을 굳게 다지고 생활정서로 바꿔놓는다.

현실은 다복하지만 부모님은 자녀들의 교육면은 늦은 감은 있지만 남과 함께 교육열에 문을 두드리고 힘차게 개학토록 힘주어 각오를 다진다. 부모님께서는 배움에 열정을 기울이며 어린자식들에게 학업에 문을 열어두고 배움 길을 찾아 끝으로 3남매를 학교에 입학을 하도록 준비를 갖추게 된다. 특히나 부모로써 교육에 관심사는 열정은 남부럽지 않게 다짐을 하기에 이른다. 가정은 생활에는 부유층으로 생활환경이 바뀌면서 흐뭇한 보람차게 부모님의 더없는 기쁨이었을 것이다. 지나온 고생을 들고 오늘도 내일도 흙과 나누면서 삶의 호흡을 함께하는 천직을 누리며 새벽잠을 설치고 농장에서 살아온 흙의 섭리를 몸소 갈고 뒤져가며 씨앗을 뿌리고 덮고 밟으면서 한시도 빠짐없이 흙냄새를 들이키면서 살아오셨다.

6·25 사변 자식들을 전선에

해가가고 달이 지며, 한해를 거듭 지나면서 광복을 맞이
한 지가 불과 5년인데 나라의 국운은 난데없이 불행이 닥쳤
다. 1950년 6월 25일 새벽 4시경, 북한군이 소련의 지원 하에 군
사력으로 남침을 감행했다. 당시는 남과 북이 갈라지고 북쪽
은 소련군이 점령했는가 하면 남쪽은 미군이 진입하여 한 나라
가 두 갈래로 나누어지고 사상적인 대립으로 자본주의와 공산
주의 간에 강국끼리 현재 38도선을 기준으로 한반도 땅을 반
으로 갈라 남과 북으로 두 동강 만들고, 서로 간에 2차세계대
전으로 하여금 나누어서 차지한 후 소련의 앞잡이 김일성을 앞
세워 새벽에 별안간 남침하여 남쪽 국민들은 전쟁의 피난길을
떠나야했다. 계속된 공산당 침략으로 남으로 피난길을 따라서
전쟁의 고충을 겪어가면서 계속 밀려서 남쪽 길로 누구나 가정
을 버리고 공포감을 안고 불안한 전쟁으로 긴박한 생활상은 연

속되고 전쟁의 전란에 국민들은 무거운 피난 짐을 짊어지고 남쪽으로 가야했다.

　이 무렵에 부모님에게는 행복한 시간은 온데간데없고 또 다른 비극이 몰고 온 상처가 발생한다. 1950년 7월 출가한 셋째 딸이 시집에서(구미시 도량동 고터) 부부간의 생활에 결함이 초래하여 전쟁 중에 '양재물'이란 극약을 먹고 자결하려다 실패하고 생사를 가릴 수 없는 중환자로 판명되었다는 비보가 어머님의 귀전에 고막을 두드린 것이다. 급하게 달려가 보니 딸자식은 죽지 못하고 괴롭게 숨만 쉬며 슬피 목메어 울고만 있으니, 답답한 어머님은 하늘이 무너지는 현실을 목격한다. 외손자 둘 중에 어린아이는 피난길에 아사로 잃고, 큰 손자의 길향은 생존했었다.

　이러한 가정환경 속에서 사고를 당하는 순간은, 괴뢰군 인민군대가 김천까지 밀고 내려오던 중, 전란에 피난길을 재촉하고 있었다. 이 시간 속에 어머님은 아버님의 명을 따라서 딸자식을 친정집으로 데려와서 병환을 보살피다가 하는 수 없이 자식의 죽음을 당하는 아픔을 보고는 피난길을 떠날 수가 없어서 그냥 현실대로 주저앉아서 살고 있던 가정에서 피난을 못가고 하물며 지난날 자식 때문에 상처가 아물기 도전에 딸자식의 상처가 아니겠는가! 어머님은 두 눈에 눈물이 얼굴에 타고내리며 앞가슴까지 적시며 어머님하신 말씀은 자식 많은 죄로 자신을 원망하며 탄식하는 피눈물을 쏟으며 기진맥진한 불운이 계속 떠날 날이 없었기에 한심한 팔자소관으로 지워지게 했었다.

이러한 사고원인은 추후에 알려진 일이다. 살펴서 듣자하니 사위된 분이 일본에서 생활하여 오다가 해방이후 고향에 찾아들어 가정생활에 일정한 직업 없이 낭비만이 일삼던 것이다. 이러한 환경 속 가정주부로서 하루 세 끼를 만들려면 신경을 쓰기에 벅찬 일이었다. 특히 주부로서 생활에 악착같은 삶의 애착은 남편의 행동은 가정집 가장으로써 너무나 거리감에 부부는 참을 수가 없어서 시간이 흐름에 따라서 불평으로 불행이 겹쳐서 극단적인 정신적 충격으로 이러한 폭발된 사고 진상이란 실마리가 밝혀진다.

딸자식은 어려운 살림에도 시부모 밑에서 갖가지 걱정을 다스려가면서 살아왔으나 더 이상은 살림살이를 버텨가기가 어렵던 생활상이었다. 그러나 어머님은 내가 낳은 자식은 내 생명을 일부 나누어준 딸자식이지만 결혼 때 족두리 쓰고, 연지분 바르고, 부부가 결합할 때는 부럽고 행복하게 살아달라고 있는 것 없는 것을 몸소 아낌없이 다독거리며 준비해서 시집을 보낸 지 어제 같은데 오늘날 비운은 어머님 앞에 쓰라린 피눈물을 쏟게 했던 것이다. 이렇게 인생살이가 온통 울음바다와 같이 일생을 비극으로만 장식하듯 원망하던 길도 하소연도 누가 속 시원히 구곡간장을 알겠느냐고! 묻고 싶던 아픔이었다. 딸은 친정에서 앓고 신음하는 장면을 딸을 보다 못해 아버님은 피난길을 멈추게 하고 죽어도 앉아죽고 자식과 함께 죽겠다는 신념은 굽힐 줄도 모르시며 흙과 호흡을 하시면서 나날을 보내게 되었다.

어버이로서 자식 때문에 아픈 상처는 들판에 논밭을 밟으면서 두 줄기 눈물을 땅으로 내렸으니! 흙을 흐르는 눈물로 적셔보면서 남다르게 속마음 상처는 말없이 비극을 남겼던 지난날 어머님의 가슴에 멍든 역사로 남겨두고 싶다. 자식의 상처야 눈여겨볼 수 없게도 목구멍에 식도가 막혀버린 상처다. 뚱뚱하게 부어오르고 숨통은 갇혀지며 물 한모금도 넘겨보지는 못했던 실정은 얼마나 고역스런 일이며 답답한 삶의 애원이었는가 새겨둔다. 병 치료사정은 불가능한 일이며 살아나려고 몸부림을 치고 전란 속에 약 한 첩 없이 누워서 뒹굴어도 소용없이 초가집 마룻바닥 흙자리에 태양열은 여름이라 대지를 내려쬐이며 뜨거운 날씨에 어느 날 오후로 생각된다.

오후 4시경 영원한 저승세상으로 떠날 쯤에 어머님을 불러달라는 마지막 이야기는 죽음을 임박하게 앞두고 유언을 하려고 어머님을 보고파했다. 운명을 앞둔 시간이었다. 이렇게 신음으로 병을 치료한번 못한 채 그저 그냥 안고 갔으니 마지막 몸부림이야 멈추고 애달프게 죽어간 자식을 눕혀놓고 전신의 능을 잃고 말았다. 이튿날 새벽 동녘 산기슭에 가신님 무덤이여! 고이 잠드소서. 밤새껏 눈물로 세웠고 그 아픔을 달래어 볼 수가 없었다. 한해를 보내면 두해를 맞이하는 세월 속에 잃은 것도 많으며 얻는 것도 많은 나날을 보내는 해를 거듭하였다. 부모님의 마음속에는 아니 뇌리까지의 삶의 속에서 지울 수 없이 남겨진 것 중에 "서럼은 죽으면 산으로 가야하고 자식은 죽으면 가슴에 묻는다"는 옛 속설과 같이, 사는 동안 부모님의 생애는 비참한 허무감과 일생에 자식 셋이나 멀리 보낸 것은 생에 가장 아픔이야, 두고 간 자식은 부모가 생을 마감한 날 함께 가져감으로써 지워지는 시간도 남겨주고 갔던 지난 일들을 새겨두고자 한다.

세상은 전쟁난리에 포성은 멈추지 않고 계속되는 전쟁은 남과 북이 총부리를 마주치며 불을 뿜으며 앞서거니 뒷서거니 밀어라 당겨라 북새통속에서 수많은 청춘이 죽어가는 전쟁터전이 휘몰아치니 자식가진 부모의 심정은 잠시라도 마음 놓을 곳 없이 불안은 계속된다. 전쟁의 전선은 젊은 청춘을 부르고 있지 않은가! 아들의 징병모집에 세상이 들썩거리는 인류의 비극은 멈출 줄 모르고 젊음이 가야할 곳 가야하는 전선고지로 청춘을 부르는 것이었다. 잠시에도 마음 놓을 수없이 불안은 거듭 계속된다. 남과 북은 전선따라 불꽃을 퍼붓고 전 국민이 청춘들을 부르던 극박한 시간이었다. 아이들은 전선따라 징병모집에 세상만사가 들썩거리는 인류의 비극은 멈출줄 모르고 젊음들이 함께 가야할 전선고지로 청춘을 바치게 된다. 이러한 현실의 환경 속에서 자식가진 부모님들은 전쟁터에 잃은 목숨을 피부로 느끼면서 아들의 떠나는 모습이 안타까운 시선으로 가슴 아프게 이별하듯 추억도 남긴다. 조국이 부르는 전쟁터로, 국민된 의무이고 부득이한 도리였다. 자식을 전선에 보내야했다.

다들 남자는 성년이 되면 아들딸들을 새로운 세상에 태어났다고 성년시기에 인생에 보람찬 혼례도 치루게 된다. 앞서 1951년 봄날에 4녀인 종남이를 구미면 비산동 속칭 파계리 출신 이성균 군과 혼례를 이루었다. 이장면은 가정사에 전례없는 3남인 종극과는 역혼이었다. 한편으로 듣는 소식은 전쟁 중으로 당시만 해도 딸들도 전선에 데려간다는 풍문설에 걱정꺼리로 등장하면서 서둘렀고 황산이씨 집안으로 출가를 시켰던 것이다. 그 해에 가을철을 맞아서 3남 종극 군을 혼사를 서두르게 된다. 한 해에 두 번이나 아들딸을 혼례가 이루게 된다. 이 해에 가을 추수를 마치고 섣달에 달성군 하빈면 문해리로 연안이씨 가문으로 이분순양과 혼인을 가짐은 뜻 깊은 의미가 있었다. 예비신랑감 종극군은 전선으로 가야할 몸으로 태어나서 인생에 보람된 결혼식이라도 올려야하는 절박한 심정에 놓이게 된다. 한해에 두 번씩이나 혼례를 가진 큰일은 무난하게 성스럽게 경사가 이루어졌다. 황신이씨 가문으로 출가한 딸은 2남 3녀를 두게 되고 3남 종극은 2남 3녀로 5남매를 두었다. 이처럼 가사에 바쁘게 동분서주로 부모님은 밤잠을 제대로 편안하게 이루지는 못했다. 지난 일이기는 하지만 4년간 대동아전쟁 때 맏아들은 징용으로 타국 땅에서 죽었는지 살았는지 행방불명으로 버려진 채 6년이나 경과하면서 또한 조국땅에서도

북의 남침전쟁으로 손수 겪어야하는 전란에 이 무렵 2남 종백 아들의 군에 입대영장이 가정에 배달되니! 부모님의 심정은 자식의 죽음을 두려운 나머지 일 년 농사를 정리하는 방법으로 자식을 전선에 보내지 않으려고 농우를 팔아서 방법을 동원하여 가리지 않고 모면하여 오신 부모님의 자식에 대한 사랑을 더없이 하늘같이 높고 넓을 수가 없었다.

이유인즉 "맏자식을 세계전쟁에 행방불명된 사연에 기인하고 한국전쟁에 또 자식 잃을 걱정 때문에 부모님의 가려가 있었던 것이다. 그 훌륭하신 어버이의 공적은 감사한 정성은 날이 갈수록 사랑과 모정은 길이 자손에게 보람과 빛을 남겨준 감사함이다. 시대적 실정에 어려운 가정사를 끈기 있게 이끌어 오신 집념은 한마디로 하늘이 무너져도 솟아날 구멍이 있다는 힘과 용기에 철학만은 누구에게도 못지않는 꿋꿋한 의지가 용솟음치며 완벽한 결단력은 타의를 불허할 지도생활에 이념이라 하겠다. 항상 가정에 안정을 기하기 위하여 자녀들에다대한 교육열정을 베푸셨는가 하면은 국민의 의무인 국방의 무까지 수행으로 뒷바라지까지 다방면의 믿음직한 자랑스러운 성품에 특유한 소유자였다. 심지어 출가한 딸자식까지 자상하게 사랑의 손길이 뻗쳐 도와주심은 오직 관심도가 높았다고 하겠다. 모정이한 크기도하고 깊고 넓기도 한 반면에 맏딸 장녀가 출가한 후 홀로 3남매를 거느린 채 혼자 몸으로 살아가는 실상을 걱정하면서 딸의 고생을 덜어주기 위하여 외손들

3남매의 생활에 도움을 주려고 양식을 소바리에 싣고서 삼여리의 머나먼 길까지 다독거려주는 모정의 세월은 지울 수 없는 사랑으로 남겨진 추억은 어버이의 정성에 고마움을 감사히 새겨준다.

15
전선으로 간 아들

아직 겨울철은 포성이 울리는 전선과 같이 사나우면서 자연을 냉정하게 얼룩이며 높고 낮은 산천마다 눈발은 아직까지 녹지 않은 추위 속에 몸가짐이 움츠리는 겨울 맛은 여전히 한파철이었다. 인생에는 인간으로 태어나서 대장부 노릇 한번 해보는 법, 인간이라면 조국이 부르는 전선에 가야할 운명이라면 누구나가 어찌할 도리 없이 총칼을 메고 전쟁터에 몸을 담아야했다. 이듬해에 봄날을 맞으며 6.25전선은 낙동강 방위선을 보루로 하여금 인천상륙작전으로 인하여 반격전선으로 돌아온다. 9.28 수복된 전선에서 38선으로 북진전투가 치열하게 전개되고 있었다.

이 시기 징집영장이 3남인 아들 종극을 전선으로 불렀다. 가야할 길은 오고야 말았다. 종극아들은 결혼한 지 3개월이 지났었다. 어머님은 셋째 며느리를 두고 신행도 생각조차 못한 채 시간만 지나고 있었다. 자식의 부부는 사랑을 속삭여 보면서 청춘남녀가 상면은 했으나 진정한 사랑은 느껴보지 못한 몸이었다. 이제는 영원히 떠나는 시간인지 기적소리가 울리고 있었다. 가정집에는 부모형제가 한자리에 모여서 괴로움 슬픔으로 술렁이는 순간은 어머님의 모정은 눈시울이 뜨겁게 글썽이며, 떠나는 시간은 마지막인지 다시 한 번 아들을 만날 수 있는지 걱정을 앞세워서 동동걸음으로 발버둥 치며 애타는 시간은 이별의 시간이었다. 부모와 자식은 혈연지정으로 떠나는 길 따라 입대하는 예비 장병들이 모인 곳까지 따라나섰다. 날씨치고는 봄 날씨가 아닌 겨울날씨를 연상시켰다. 차디찬 바람이 차갑게 얼굴을 스쳐가고 있는 시각, 해가 석양에 뉘어가고 있을 때 구미역 화물차량에 몸을 의지하여 떠나는 기적소리는 자식을 싣고서 포항항구로 거쳐서 제주도 국군 제일훈련소로 떠나가는 것을 눈여겨본 어머님은 구슬프게 눈물 닦는 심정은 가슴을 도려내는 아픔을 안고 허둥지둥 무거운 걸음으로 아버님과 집으로 돌려야했던 그날만큼은 캄캄했던 정신을 잃고 집에 당도했었다. 밤새 울었던 어머님! 냉가슴을 움켜잡고 참아야했던 아버님도 눈시울도 적시었다. 기차는 떠나서 포항의 항구를 경유하여 제주도로 달리고 있는 기차와 군함은 기적소리 한번 남겨두고 많은 청춘을 싣고 만경창파를 가르면서 빠져나가고 있었다. 그러나 아들은 생각할수록 착잡한 심정이 부모님생각! 아니 백년가약을 맺은 첫사랑의 처를 두고 생각되어 죽음 전에 절규하는 정신적 압박감을 흐느껴야했던 울어야했던 그날만은 하늘도 무심했으리라, 이러한 것은 자신이 군대에 입대한 경위가 기구한 운명을 가져왔기에 밝혀 두고자한다.

부모님의 평소생활은 잃은 자식을 찾는 행운의 소식을 생각해본다. 자식이 군대에서 재대한 이후의 밝혀진 뜻밖에 일이었다. 아들 종극이는 포항 항구를 떠나면서 의미심장한 각오로 15일간 급식을 한 끼도 먹지 않고 물 한 모금으로 갈증을 해소했을 뿐 제주훈련소에서 주는 주먹밥도 외면한 채 혼자만이 각오한 단식투쟁으로 후방에서 죽거나 전방에서 죽으나 결심한 끝에 훈련소에서 이겨서 살아보려고 일편단심하고 결사적으로 금식항쟁으로 하여금 목숨만이 붙어있기를 기대하면서 결사적인 집념을 갖고 계속 단식투쟁을 하면서 선천적인 성품인지 또는 타고난 성격인지 죽음의 길목에서 전쟁을 의식한 나머지 젊은 청춘이 전쟁에서 불태움이 당연한 의무이지만, 나라에 충성을 해야 하는 국민 된 도리이지만 그렇다고 전선에서 승리만하고 살아서 돌아온다는 보장 없이 인간의 운명을 어떻게 진단하기란 여운도 있겠지만, 생각한 맹세는 혼자만이 아집으로 나의 생명을 아껴가며 견디어온 심정과 감정은 꼭 살아서 본성을 지속하고 본연의 정신으로 살아야겠다는 애타는 애착심은, 누구나가 부인할 수 없다는데 마음속깊이 숨겨진 진상은 나만이 가진 것을 남겨두고 하나밖에 없는 내 생명을 아껴서 보장하리라! 세상에 태어나서 행복도 누리고 삶을 보람되게 안식처를 꾸려가면서 생활상을 새롭게 꾸밈도 장식하며, 누리는 인생살이를 위해서 꿈도 살려서 살아서 행복을 누려보려는 희망을 장래의 길목에서 처와 함께 누려보자는 꿈일 것이다.

이렇게 병상에서 보름동안 금식으로 생명이 위독함을 발견하게 되고 제주도에서 부산3육군병원으로 후송된 사연이 나타난다. 그때야 전선에서는 오늘도 내일도 약속 없는 전쟁으로 포성이 터지는 폭탄세력에 수천 명씩이나 젊은 청춘이 죽거나 신음으로 하여금 비보가 가슴을 아프게 진동시킨 일들은 생각만하여도 끔찍한 순간들을 느껴왔으니, 삶이란 한 가지만 생각으로 전쟁터에서 죽으나 후방에서 죽으나 함께 나누면서 한 가지는 단식투쟁으로 가름하면서 죽음의 전선이 싫어서, 그냥 훈련소에서 지탱하면서 열흘 동안 숨만 쉬고 물 한 모금으로 생기는 목숨만 유지하면서 피골이 상접되고 죽음이 목전에 다가서자 행여나 운명이란 죽음이야 삶이야 다시없는 재생의 길목에 선다. 드디어 병으로 후송이 이루어진다. 막 눈을 뜨고 확인한곳이 부산 제3육군병원이었다. 생명에 구원의 길이열리고 따뜻한 간호사의 손길이 닿고, 환자는 겨우 숨소리가 허덕거리는 생명줄이 소생했던 기적같이 반가운 생명체로 새롭게 인명이 살아난다.

반면에 가정에서는 부모님이 자식을 생각다 못해 제주도 훈련소에서 교육을 받고 있는지 궁금하여 면회를 가야지 생각

중에 상상도 않던 별안간 소식이 귓전을 울린다. 초여름 어느 날 자식생각에 가슴이 쬐이게 괴로운 나날을 보내는 중에 우편배달부가 우편봉투를 내밀고 떠나는 것이었다. 우편물 발신은 다름 아닌 어저께쯤 떠났던 것 같은 시간에 아들의 편지가 도착하였다. 어머님은 가슴이 울렁거리며 멍하게 정신을 잠시 잃고 말았다. 다시 정신을 가다듬고 내용이 무엇인지 어머님은 당황한 표정을 지셨다. 혹시나 전선에서 전사의 편지가 왔는지 다른 소식 편지인지 순간적으로 갈피를 잡지 못한 일이 아닌가! 필자가 편지를 뜯어서 내용을 읽어 내려가니 뜻밖에 반가운 소식이었다.

내용인즉 아들이 병원에 입원중이오니 면회를 와달라는 소식내용이었다. 그래서 순간마다 생각에 걱정은 떠날 수가 없었다. 혹시나 훈련 중에 상처를 입고 불구의 몸으로 입원한 것인지 어찌된 영문인지 궁금한 차에 아버님의 말씀 따라 부산에 병원으로 면회를 가기로 했었다. 서둘러서 둘째아들 종백이로 하여금 면회를 부산 병으로 가도록했다. 한편으로는 희망적인 생각도 가졌었다. 이튿날 열차에 몸을 싣고 부산병원에 도착하였다. 육군병원 면회실에서 상면하려 기다리고 있었는데 어떤 환자 한 분이 휠체어 손수레바퀴에 실려 오더니 옆에서 "형님! 오셨어요"하고 인사를 하는데 면회 간 형님은 동생을 첫눈에 알아보지 못했다는 일화를 남겨주고 있다. 한 달이나 단식투쟁으로 연명해왔으니 말 그대로 피골상접한 상태로 뼈만 앙상하게 남은 해골상태였다 한다! 이렇게 부산 병원에서 동생을 면회하고 돌아온 후 부모님께 아무런 상처 없이 입원해 있다고 안심시켜 드렸다. 그런데 면회를 다녀온 아들은 그날 저녁 동네 이웃에 사는 안순택 씨 사랑방에서 부산에 면회 다녀왔던 장면을 연상하면서 순정한 형제지간 혈연지정에 통곡을 했다고 하니, 동생의 상태는 살아있다는 것 자체만도 기적 같은 생존이었음을 가늠할 수 있다. 이렇게 종극형님은 초지일관 결실을 거둔 것만은 진정으로 존경스럽고 집념의 극치가 자랑스럽게 남음이다. 그 후의 일은 입대한지 약 3~4개월 만에 제대로 하였다. 이 무렵에 병원에 있던 환자들과 의사들은 '미꾸라지가 용 되어나간다'고 극찬했다고 전한다. 초지일관 마음먹은 대로 집념의 결과를 안고 떳떳이 살아서 고향에 계신 부모님 품안에 안겨준 흐뭇한 행운에 한 역사를 이룩한 한 토막을 장식한 것이다.

　살아오는 동안에 자산은 남부럽지 않을 정도로 추수 때면 평년작이며 해마다 50석 내지 60석정도 그런대로 생활은 다복하게 생각되는 실정이었다. 인생을 사노라면 희비쌍곡을 동반하는 생활의 실상을 수놓아가며 정성스럽게 가꾸며 다듬어 주시는 부모님은 아들과 딸들을 의무교육 과정을 마쳐오면서 중등교육과 고등교육까지 돌파시켜 졸업을 보게 된다. 이렇게 교육열에 자랑스러운 기쁨은 하늘에 높이 나는 새와 같았으리라. 평소의 배움을 부러워한 느낌을 감안하면 보람찬 희망은 열과 성을 다하여 자식에게 물려주려는 마음가짐은 생활에 집념이다. 평소에 굳게 다져서 가족에게 즐거움이다.

　천직이 농업으로 추수때만 되면 노동의 결실이 넉넉하게 재산이 불어나고 논밭도 해마다 사들인 의식생활은 활기로 남들과 같이 중류급 이상의 부농가로 번창하였다. 잠시 아버님의 고향으로 옮겨온 이후 세 번째 독립주택을 마련하게 된다. 현위치는 부곡동 37번지에 3남 거주지로 3채를 짓고 종극의 아들집으로 분가집으로 정리하였다. 이렇게 부모님의 생애에 열 번째 이주케 된다.

　여가마다 전답을 개간하여 옥토로 하여 식량증산을 위하여, 항상 일상적인 움직임을 새벽부터 시작하고 진종일 흙속에서 활동시간을 보내면서 해가 서산에 저물 때면 땅거미가 짙게 일면서 어둠이 앞을 가릴 때까지 흙에 묻혀서 뒤적거려오던 흙의 생활이 평생 동안 주업으로 살아오셨다. 사들인 전답을 기름지게 옥토를 마련하고, 현지의 농촌현실은 천수답이 많고 해서 가뭄을 극복하려고 연못처럼 웅덩이를 파헤쳐서 주위에 돌을 모와서 석축공사로 완성한 작품은 노력에 땀이 서려있다. 가뭄을 극복하려고 지게 짐으로 흙과 돌을 나르며 쌓으면서 갈증을 극복시킨 장면은 노력으로 이룬 웅덩이는 인간의 힘을 담고 남긴다. 이것뿐이겠는가? 농경지 혁신개발은 산간벽촌에 속칭 골안에 전답을 개간으로 지평을 이루기 위하여 지형적인 논다랑지를 개답까지 서둘러서 사람의 순수한 힘으로 움직이며 개답까지 이룬 것은 농지혁명사업은 거대한 농사일을 추진해온 일손이 무쇠같게 굳은 현실에 감정은 튼튼한 노력의 대가로 보여준다. 하루에는 옛시절의 농촌환경따라 밭두렁 논두렁을 하나 하나 두세번씩 밟고서야 안정을 가지시는 부모님의 철두철미한 노력의 집념이 다지는 다짐만큼은 남보다도 흙의 혁신을 가져다주는 결실이라면 이것은 옥토를 만드는 한 농군의 재조기라고 남겨두고 싶다.

아버님의 회갑연

1952년 음력 3월 5일 기사생인 아버님의 회갑연을 맞이한다. 계절은 봄바람이 불면서 훈기 있는 따스한 봄날이었다. 새해의 해동이되면서 봄소식에 자연의 새싹들은 파릇파릇 새얼굴을 땅속에서 내미는 봄소식 새싹들이었다. 시냇가 방천둑마다 논두렁 밭두렁에 아지랑이가 하늘거리며 일렁이는 대자연에는 한해의 일철을 맞는 따스한, 훈훈한 훈기바람은 봄소식 바람이 소매 깃까지 스쳐주는 화창한 날씨가 계속되었던 것이다. 철따라 농촌은 일손이 멈출 수 없이 하루가 바쁘게도 지난 겨울잠을 깨어나서 들로 밭으로 농기구를 괭이삽과 호미로 흙세계로 작업준비를 서두른다. 호미 날은 태양빛에 반짝이며 김 매기에 일손을 재촉하는 농사철이 시작되는 상춘가절로 따뜻한 울타리 밑에서 겨울잠을 털어버리는 닭들은 쭈그렸다 양날개를 툭툭 털어보며 고개를 힘껏 추켜올려서 몸을 흔들면서 소리높이 울어대는 봄소식도 한창이라! 겨울동안 농우가 외양간에 갇혀서 온몸에 먼지가 잠뿍내려 앉은 먼지를 머리 뿔로 온몸을 비비대며 몸부림쳤지만 이것도 가려움이 시원치 않아 연신꼬리를 내저어가면서 묶어놓은 나무말뚝에 싸움하듯 사납게도 비비곤 하는 장면도 봄맞이의 털갈이가 시작되는 봄철은 만물을 소생시키는 날들이 가슴을 마음껏 펴고 기동이 시작되는 날이었다.

을사년 삼월 초닷새 날이었다. 아버님의 회갑 날이었지만 준비는 없었다. 이유인즉 한마디로 요약해 보면 아버님의 평소 생활상은 간소화된 평소와 다름없이 별미도 없이 닭 한 마리와 해물 요리로는 조기반찬뿐이었다. 평소에 검소한 생활상은 변함없는 생활신조로 꿋꿋이 살아오신 신념이 있었기에 조용한 가운데 집안에 몇 분의 어른들을 모시고 식구, 자녀들과 회갑잔치를 간단히 보내게 되었을 뿐이었다.

항상 엄격하시며 소탈하신 품위와 일생에 어렵게 살아오신 소박성은 티 없이 맑으셨다. 지난날 한 많은 쓰라림 이였기에 한 알 쌀알도 버리지 않고 모으시면 진짓상에 볏낱이 섞여있어도 쌀알을 밝혀내시며 껍질까지 헤아려 내시던 그 모습이 아버님이시기에, 얼마나 근면하신 인생관은 빈틈없이 흙에서 평생을 밟아 오신 인생살이는 아끼며 근검절약으로 비축성이 강한 인내심은 끈기와 실천력은 한인간의 원동력이 된 활력소라면 아버님의 철학관이라고 하겠다. 이러한 원동력은 늦은 감은 있으나 한편으로는 다감다정한 행복의 가사의 생활은 평상 시절에 소상하게 다듬어 오신 공적은 인내와 실천력이 활력소가 되어서 철학적인 소산이었을 것이다. 일생에 한번밖에 없는 회갑을 맞이하면서 아들딸들 팔남매가 회갑을 맞으며 정성껏 생신잔치를 드려보려고 뜻을 드렸으나 아버님은 매사에 준비마저 자식들 소원을 완고히 거절하셔서 간소한 회갑잔치였다고 밝혀둔다.

일상적인 생활상은 소신껏 검소한 생활에서 평소에 허례허식과 허영된 풍습과 풍토를 일찍 감치 가정을 다스려 오심은 가사에 가훈으로 삼아오셨기에, 본인의 나름대로 노력으로 먹으며 자면서 분수에 맞게 생활로 대접하시며 분수에 맞게 대접을 받으시는 소신은 조금도 소홀한 점 없이 짜인 매력은 후손에게 대단한 남김은 가정교훈이요 이런 철학을 보여주심은 가훈이 아닐 수 없다. 그래도 회갑날은 즐거운 시간을 소박한 농촌풍속으로 부드럽게 소일하셨다. 이러한 하루에는 아버님의 구석진 속에는 아무도 알 수 없는 가슴 아프게 쓰라린 상처는 잠시도 멈추지 않고, 무겁게 마음을 짓누르는 것이었다. 그것은 맏아들이 이국만리에서 생사를 알 수 없는 자식생각이 순간마다 전신에 스쳤다는 울분이 가슴을 두드렸을 것이다. 이것뿐만 아니라 회갑을 가진 이날까지 아직껏 후손이 이어갈 손자를 손수 안아보지 못한 서운한 마음도 답답한 하루가 지겹도록 어려운 시간을 보내야했던 이날의 감성은 참고 견디어 넘겨야했던 것이 당연한 일로 여겨진다.

회갑날 아버님보다도 옆에서 지켜보시던 어머님의 마음은 더욱 쓰라리게 그 표정만은 우리들 자식 앞에 눈시울을 글썽이셨으니 오직 자식을 낳은 모정의 눈물이었다. 지금까지 살아 있는 자식들은 옹기종기 모여서 이야기하는 모습은 즐거이 기쁨도 있겠으나 한편으로 생각한 일들은 타국 땅에서 장남인 종갑이 생사를 또다시 생각에 겉눈물 속눈물을 쏟았다. 어머님의 가슴 터질 듯 슬픔을 참던 하루가 되었으리라.

이튿날 평일 아버님은 날이 밝기도전에 새벽 3시경 잠 깨워서 소죽을 끓이시고 먼동이 훤히 트면 밖으로 나선다. 들로 밭으로 한 바퀴 돌아보시면서 아침식사를 끝내시기도 바쁘시게 긴 담배 대롱을 뽑은 채 뿌연 연기를 내쉬면서 호미를 쥐고 보리밭 김 매려 삽작을 먼저 나서는 일손걸음은 변함이 없었다. 밖에 세상은 나라가 전쟁으로 전선에는 포성이 멈추지 않은 채, 젊은 청춘이 신음과 절규하는 상태로 하루하루가 비통하게 국가의 흥망을 눈앞에 두고 포화에 불을 품으며 달음박질을 계속되면서 처참한 시간이 연속이었다. 그런대로 회갑연은 조용히 가정에서 보냈던 일이었다. 생활에 시간은 한날같이 지나지만은 사람의 생활시간은 파란만장한 하루가 그날의 자취를 남기며 새로운 다음시간을 맞는 생활이 시작된다.

1953년 봄이었다. 둘째아들 종백씨의 징병소집 영장이 나왔다. 이때에 부모님의 가슴은 덜컹내려않은 괴로움의 충격은 아픈 가슴은 억누를 줄이야. 괴로움만 더 가한 심장에 자식이 죽음을 앞둔 일과같이 생각하시고 사력을 다하여 구출작전을 펴면서 자식이 가기 싫어하는 냉정한감정은 전쟁터에 한사코 갈 수 없다는데 보내서는 안 된다는 부모님의 심정은 하루가 조용한 날이 없다할 걱정이었다. 걱정도 엄청난 고민거리로 일부재산을 정리까지 하면서 안간힘을 다하여 노력을 가하여 아낌없는 혈연지정은 값진 여러 가지 어버이의 정이 나타난다. 이렇게 전한 속에 가정은 불안한 생활은 다름이 아닌 아들들의 군에 입대하는 일이면 항상 잊을 수 없던 실정에 있었다. 지난날 맏아들이 세계대전에 일본서 행방불명으로, 항상 부모 마음속에 상처가 깊이 간직한 채 남겨진 사연 때문이다. 2시대의 실정을 담고서 남겨놓는다.

18

어머님의 회갑연

때는 정유년 1957년 3월 초 정월 스무사흘날 어머님 출생일이었다. '금'이가 시집오던 날 이후의 47년 만에 뜻 깊게 맞이하는 회갑연이었다. 한 생애를 살아오시면서 흐뭇한 기쁨도 가졌으며 순간에 자식들과 부모님사이에 예견치도 못했던 비정도 쓸쓸한 슬픔도 많았다. 이렇게 시간이 흐르는 사이에 세월은 유수와 같다더니, 무술년을 지나면서 한해가 저물어가고 새해의 정유년을 맞은 정월이었다. 정월을 지나면서 또 정월 한 달 중에 보름이 지나면서 겨울철 설한풍은 아직도 잠을 못 재운 채 사납게 폭풍이 불고 있었다. 외양간에 잠든 농우는 짚 북덕이를 깔고 겨울을 나고 있으며 아침바람과 함께 담벽을 비추어주는 햇살에 닭장에는 닭이 추위를 맞으며 처마 끝 벽담에 쪼그리고 품은 모양 닭의 모습은 발이 차가워서 한쪽다리랑 뱃속 털까지 걷어 올려 추위를 감추듯이 좌우발을 바꾸어가면서 겨울맛을 풍겨주는 모양새가 엄동설한을 느끼게 한다. 눈이 쌓이고 얼음의 색깔이 번쩍이는 추운계절이고 보면 겨울철꽃 흰 가루가 대지를 옷으로 갈아입히고 한 것처럼 나뭇가지마다 겨울꽃송이가 엄동에 경관을 이루고 있다. 뜻밖에도 스무사흘 날은 유난히도 따뜻한 하루가 지속하여 날씨까지 푸짐한 선물이 되었다.

집안에는 아들딸들 또 며느리며 손자손녀가 '금'이의 회갑을 차리기에 음식준비는 한참 분주하였다. 이날은 아버님께서 어머님의 회갑을 기꺼이 받아들여서 진수성찬을 능력껏 마련하도록 승낙을 하셔서 자식들에 보기가 반갑고 진정한 반가운 선물이었다. 그래서 후손들은 가정생활 양식에 따라 일가들 가문에 준하여 회갑음식을 알뜰히 장만하여 일가친지 친척 간에 가족간 함께 흥겨운 회갑잔치를 즐겁게 보내면서 노래와 춤으로 반갑고 즐겁게 보냈다. 이상하게도 날씨는 봄날같이 화창하여 모두가 복많이 받으신 '금'이 어머님이셨고 반가운 담소까지 오고가며 웃음의 꽃을 피웠다. 음식으로 잔치준비는 별다른 별미를 준비한 것 없이 120근 되는 돼지 한 마리 필자가 준비한 만족할 정도의 준비로써 출하객들과 하루 기쁨을 즐기며 지냈다. 음식준비물은 생활수준에 따라서 그동안 모은 자산은 넉넉한 편이었기에 안정속에 뜻깊이 추억도 남기고 이날만은 모임회식은 알맞게 잔치 경사로 만족스럽게 했었다.

한편으로는 감정을 억누를 수 없이 과거사 여담을 털어놓고 그날의 여러 가지 어머님으로부터 밝혀지고 느끼면서 듣던 자료를 기록해야했다. 회갑을 갖는 그날 하루의 저모이모를 말씀 중에 이삿을 주워 모은 화제는 환경에 적응해서 아픔이며 괴로움이 희생된 것을 시간 속으로 들여다보고 맏아들 장남의 소식을 되새겨보면서, 왜정시대 태평양전쟁으로 행방불명은 오직, 답답하게 가슴을 태우는 걱정도 새겨진 것이다. 또한 둘째딸의 비정은 살을 깎는 아픔은 구곡간장을 끓게 한 과거사가 짓누르는 압박감은, 자식을 낳은 모정이 아니면 누구인들 알수 없는 지나온 일이었다. 이렇다면 몸 전체의 반신을 잃은 상처투성이에 미움도 증오도 갈증으로 세월로만 보내야했던 과거사의 일들에 생각을 돌이켜보면, 지금처럼 현대문명시대를 맞이하게 되었더라면 과학적 혜택으로 수술도 가능했으리라고 불행도 원망도 지울 수 있었지! 안타까움만 남겨진다. 설상가상 돌이켜보면 자식 잃은 감정을 비운의 죽음까지 곁들여 곰곰이 생각하면서까지 비극은 연속이었다. 여섯째아들의 죽음까지 더듬어가면서 하루의 시간을 매듭을 지우면서 현실에 생활 속에서 자식들을 바라보면서 아직까지 소식 없는 아들걱정에 휩쓸려 눈물을 내리시니 한숨은 그날의 지긋지긋한 삶의 희로애락을 청산해 보는 것이다.

이때의 필자는 어머님의 말씀과 동시에 눈썹 가에 이슬같이 핑 도는 눈시울을 가리는 순간에, 가슴으로 숨을 들이키고 내쉬는 숨소리를 멈추게 하듯 느끼며 자연스럽게 고개를 숙이면서 뒤돌아서 앉아야했다. 그때의 그 모습은 정중하게 관찰했던 원인은 오늘에 와서 지난날의 희비쌍곡을 가려볼 수 있었던 것이 아닌가 생각이 든다. 그동안 시간은 오래도록 지나면서 아직도 전선에서 싸움이요 후방에서는 전쟁의 상처를 밟고 체험하면서 가정에는 농사일에 바쁜 일손이 일터로 옮겨지는 천직인 농사일은 하루가 공백이 될 수 없이 흙으로 씨앗에 북을 돋우며 감싸주고 한날한시같이 움직여진다.

그 훗날에 다시 둘째 아들의 징병영장이 두 번째 우편물로 가정에 배달되었다. 사연은 이러하다. 큰아들의 행방불인데, 자식을 또 잃을 수 없다고 1차 징집을 가진 방법으로 면제시킨 이유다. 그런데 일 년이 멀다하고 두 번째 징집연장이 나왔으니 한숨 돌리기도 전에 공든탑이 무너지고 다시 영장이 나왔으니 무정하게도 부모님이 가슴 아프게 되고 방법은 과거사로 생각했으나 이제는 다른 방법 없이 나라에서 부르는 대로 전선으로 가야했다. 다행이도 휴전중이라 섭섭한들 걱정을 하면서 어머님의 곁을 떠나서 제주도 제일훈련소로 가야했다. 부모님은 아들을 보내놓고 돌아선 발걸음은 무겁게 허전하기도 힘없이 가눌 수 없이 서글픈 하루가 뜬눈으로 지새웠다. 이렇게 지난 일들은 부모님 앞에 너무나도 많은 아픔은 상처만이 가슴에 쌓이고 무거운 걱정이 태산 같았다. 이 시간에 필자는 가정에 하던 일들을 다독거리며 아래로 형제가 가사에 전념하게 되고 부모님 노고에 들여다보면서 일하던 도구인 지개를 지고 농장에서 흙과 호흡하면서 넷째아들 종옥이는 대구시 농림고등학교 입학하게 되고 한 가족이 고향을 지켜왔던 생활상은 다름없이 지속되고 있었다.

하루는 그해의 7월이었다. 군에 입대한 자식이 제주도 훈련소에서 훈련은 마칠을가하는 생각 중에 하룻밤사이에 교육을 마치고 훈련소를 떠나서 경부선 밤열차에 몸을 싣고 북방전선으로 달리는 기차는 어느 날 자정시간이 넘어서 마침 철길가에 외딴집사는 안순보 씨를 크게 부르면서 기차가 떠났던 날 아침에 철길 옆을 혹시나 하고 찾아보니 기차에서 지나면서 편지 한 장 철길에 던져놓고 떠났던 그 시간에 군복을 입고 전선으로 가던 아들의 심정은 집을 옆에 두고 지나는 순간을 싣고 지나갔던 자식은 생각다 못해 한마디도 전하지 못하고 불러도 대답 못하는 수송열차에 얼마나 슬픔을 홀로 겪어야했던 고충과 그날의 감정은! 기차로 고향집을 지나서 북으로 달리던 차는 언제쯤 고향 길을 찾게 될지 부모님을 그리며 손 모아 인사를 올렸으리라! 밤중에 "전방전선으로 갑니다"라고, 불효자식은 떠나갑니다. 용서를 구하던 사연이 오늘에 남겨놓은 그때의 전선이 얼마나 위급한 상황이란 것이 현실성을 잘 나타낸다. 가정에서는 아들이 전선으로 올라갔다는 소식에 부모님은 비통한 상심에 애태워야했다.

고향의 가사에는 더욱이 굳게다지며 해마다 추수가 되면 마음으로 풍요로움은 만끽한다. 연간 생산량은 70석에서 80석에 정도로 생산량을 올렸으니 가정은 부잣집같이 생각만 해도 마음은 즐겁기만 했다. 이 무렵 조국전선은 국제간의 협정으로 16개국 참여로 3년이란 전쟁으로 국방의무를 지켜온 지, 1953년 7월 27일 전쟁이 휴전으로 말미암아 아들의 생사가 안정을 갖게 되고 안도의 숨길을 돌릴 수 있었던 일은 다소나마 걱정을 면하게 되었다. 해마다 가정에서는 풍요로움을 거듭하면서 1958년 2월이었다. 아들 중에 종옥이는 부모님의 평생소원이었던 한양 천릿길에서 대학교에 시험에 합격하여 입학하게 되었다. 금의환향하고 가족들과 함께 웃음에 꽃을 피웠다. 아버지께서는 잠시도 멈춤도 없이 학비조달에 승낙까지 하셨다. 이 기쁜 소식은 소원성취가 부모님께 즐거운 선물로 성사를 이룬 대단한 경사였다. 주위의 고을에서는 대학에 입학한 가정을 이 씨 집안으로 처음 맞이하는 칭찬까지 있었다. 부모님의 교육열정으로 소원성취를 했으니! 이 성사가 가정에 경사로 이어졌다. 가정에 형편으로 전답을 늘리면서 넉넉한 살림을 감안하시면서 부모님의 일념의 집념으로 영단을 내리셨으니! 일가친척과 이웃사이에 둘도 없는 대학교 문을 열었던 것이다. 유일하게 자식을 최고학부를 갖추었으니 이웃의 사람들에게 놀라움의 감탄을 멈출 줄 모르며 여타한 기쁜 소식에 부모님은 마음에 속 시원하게 씻어주었던 것이다. 이까지 이루게 된 마음가짐은 아버님의 근면성에서 어머님의 훌륭한 내조역할만큼 알뜰한 공이 크게 작용했으니 오고가는 사람마다 자랑스럽다고! 복 많은 부모님이라는 소리가 귓가에 들려오면 흐뭇한 마음은 살아오면서 보람을 가져다주는 행복감이 들곤 했다.

이처럼 우렁차게 살아오는 동안 벌써 회갑을 지난 지 몇 해를 거듭하면서 아버님과 어머님은 후손을 처음 맞이하는 손자 '창원'이를 처음 맞이하여 기쁨의 날을 더욱 흥겹도록 경사가 살아나고 있었다. 이 첫손자는 셋째아들 종극의 소생으로 가정에 화목한 분위기를 이루면서, 어머님은 평소 시골 5일장이 열릴 때면 3km 떨어진 시장 길을 나설 때는 창원이 손자를 업고 둥게둥게치며 일흔 노인이 머나먼 거리를 거닐 수 있었다는 것은 그때의 조모님으로 아니라 어머님의 마음은 손자에게 자상한 사랑을 일렁이면서 인자한 손길과 다정한 마음이 깃들어진 후손에 대한 감사의 자랑과 사랑을 베물었던 일이다.

가사에 착실하게 이룬 살림은 부유하게 생활을 꾸려가고 있었던 1958년 11월 중순경 넷째아들 종옥은 대학교 학업 중에 학보명 즉 재학 중 학생신분으로 18개월을 두고서 최전방 군대근무하고 제대를 하게 된다. 서울에서 재학 중에 자치생활과 하숙생활을 하면서 서대문구청으로부터 입대영장을 받아들고 제2훈련소 충남 논산으로 입대하게 된다. 한편 아직 군에서 복무하고 있는 둘째 종백자식마저 군복무 중으로 고생을 전방전선에서 근무 중에 있을 때 고향가정에서는 둘째 자식을 제대를 시키려고 육군본부에 인편을 통해서 준비를 했으나 제대

준비가 허술하게 결실을 맺지 못한 사정이 되어 시간만 소비하고 노력한 제대경비는 중도에 온데간데없이 허사로 끝나고 군 생활은 4년간 만기 제대한 기구한 일화도 남겨진 재산상의 손익도 남겨진 일이다. 넷째 종옥아들은 군 훈련소를 벗어나 전방에 배속되어서 근무 중인데 아버님은 그해의 10월에 가을이 되면서 아버님은 군에 근무하고 있는 아들을 이유 불문하고 혼례를 서두르는데 완고한 아버님의 생활상은 소신껏 밀고 나가시는 집념만은 성실하게 처리를 다듬어오신 엄격한 사상과 성품은 한결같은 흐름이었다. 이때만 해도 사회는 서양에 문물이 시대의 풍류를 타고 봉건사회와 대조를 이루는 흥미있는 일이었다.

이듬해 1958년 7월 29일 다섯째 아들 종립은 북방의무를 어차피 다녀와야 할 군무를 수행하기 위하여 계약이나 한 듯이 자원입대를 하게 된다. 필자는 자원군대에 지원하기위해 사전 부모님의 승낙과 형제간의 상의한 후 군에 용감하게 뛰어들었다. 이때는 미리알고 가야한다. 종옥형님은 전방군복무중 휴가를 다니러왔다가 필자가 자진 입대하여 논산 제2훈련소교육을 받던 중에 부대복귀하면서 논산훈련소 나에게까지 부대에 들려서 잠시로 나를 면회 와서 직접 부대 내무반까지 들려서 잠시 만난 후 전방부대로 떠났던 일과는 지금도 기억에 살아남아있다. 반대로 종옥형님의 논산훈련소 훈련 중에는 필자가 면회를 갔던 일을 기록에 담아놓는다.

1958년도에 아버님께서는 종옥아들을 결혼시키려고 준비 중에, 집에서는 며느리를 맞이할 대사를 치루기위해 1958년 12월경이었다. 신부집은 금릉군 봉산면 직동2구 속칭 고드락골레 연일정씨 가문으로 정대용 씨의 3녀 정옥영 양과 이종옥 군과 혼례식을 올렸었다. 이 시간에 필자는 첫 휴가를 오니까 마침 형님의 결혼식 경사가 있었다. 가정에 모인 식구들은 웃는 분위기에서 행복한 자리였으며 가정사에 화목한 세월에 부모님과 형제남매지간에 한결같이 흐뭇한 시간이었다.

　한편으로는 가사에는 부농의 집으로 두해마다 노력의 결실로 전답을 사들이며 늘어나는 재산은 추수기만 오면은 농사결실은 100석 넘게 생산을 보게된다. 벼농사만해도 그러한데 잡곡까지 합치면 150석은 증산결실로 대기만성이란 이야기로 탈바꿈하게 되었었다. 남과 함께 머슴일꾼을 둘이나두고 농사일은 시골치고 대농가로 발전한 것이다. 두해전만해도 남의 소와 타작기계를 빌려 쓰던 실정을 완전히 벗어나서 농사일에 필수농기구는 독립체계로 갖추고 부자집 농가답게 살림을 충족시켰었다. 이 공든 일은 전 가족의 노력의 땀이 스며든 댓가로 보여지며 가정사에 영광을 얻었으니! 행복된 가정으로 변모하여 부동산은 무려 30여 두락으로, 가난을 깨끗이 씻고 땀의 대가를 찾은 힘겨운 결실이었다.

　다음시간은 1957년 넷째 아들은 18개월 군복무를 마치고 학교로 복학길을 찾게 된다. 가정은 둘째와 셋째아들의 농사일에 전념하는 동안에 부모님 앞에 그동안 손자손녀가 두루 소생하여 후손의 길 몫으로 기쁨을 한 아름씩 가져보는 세월이었다. 이토록 안락한 시간과 보람을 가진지 1961년 2월에 대학을 졸업하고 고향집 부모님 품으로 돌아왔었다. 서울에서 4·19의거에 참여하면서 자유당이 붕괴되고 민주당정권이 정부가 들어서면서 얼마 안되어 5·16군사혁명을 맞이한 때였다. 필자는 5·16군사혁명 5일전 5월11일에 군복무를 34개월 20일을 마치고 전방 11사단 20연대소속 의무중대에서 제대명령을 받고 후방지역 대구의 성서지구 50사단에서 3일후 제대복을 입고 가정으로 돌아왔다. 4형제가 한가정에서 부모님과 한자리에서 오순도순 여가를 즐겁게 보내는 가족들과 오랜만에 맞이한 것이다. 여기서 군의무교육을 마친 4형제의 군번을 새겨둔다. [둘째 형님(이종백, 9447493), 셋째 형님(이종극, 8831407), 넷째 형님(이종옥, 0012334), 다섯째 필자(이종립, 10385366)]

때는 여름철로 논밭에는 밀보리가 무성하게 자라서 익은 열배가 풍요로움을 자랑스럽게 뽐내고 있었다. 그 무렵에 필자는 제대한 후 3일째 5월 14일 선산군 구미읍사무소에서 행정직원 발령을 받고 근무처에 몸을 담게 되었다. 관청사무소에 이틀째 되던 날 5·16 군사혁명을 맞이하게 된다. 일반 행정 업무가 갑자기 군사혁명행정으로 바뀌면서 당시 중앙정부는 최고기관인 국가재건최고회의가 설립되고 회의의장은 고향

출신인 구미읍 상모동 711번지 출신인 박정희 육군소장 장군의 거사로 국가원수자리를 굳혀가고 있는 살벌한 환경으로 뜻밖에 아침 출근 시간 속에 "라디오"방송이 울려 퍼지고 있었다. 국사에 난을 걱정하면서 매사에 불안스럽게 살아야했다. 이듬해 1962년 봄이었다. 넷째아들인 종옥은 국가공무원 채용시험에 응시 합격하여 첫 관직에 몸을 담게 되었다. 직장은 경상북도 농업진흥청에 행정직으로 생활하게 되었다. 그 후 필자는 직업을 이직하려고 관직을 벗어나서 취향에 따라 일반 사회의 기업체로 '대구일보사 편집국 사회부기자'로서 즉 언론인으로 사회에 공헌하고자 동서남북을 뛰어야했다. 기자생활에 다방면으로 자유생활을 누리면서 국민들에게 사회상의 공정성을 보살피는데 적극적 신경을 모아야 했었다.

한때는 가정에서 필자에게 결혼설이 있었다. 이때의 나이가 27세였었다. 가사의 가훈에 따라 부모님의 고귀한 정성 따라 결혼하기에 신경을 써야했다. 며느리 감은 칠곡국 약목면 교동 명원리 강봉식의 3남 2녀중 둘째딸 '령자' 양과 1963년 12월 17일에 혼례식을 가졌었다. 이날은 군사정부의 헌법 개정 투표날이었다. 이전에 있었던 어머님의 나들이를 소개해 보려고 소상하게 그때의 바깥생활을 들여다보게 된다. 어머님은 일찌감치 아들딸들을 혼기에 출가시나 출입시는 아버님에 그림자에 가려서 사위나 며느리나 선보려고 마음가짐이 어렵게 사셨다. 마지막 아들의 며느리감을 직접 챙기려고 마음을 다지고 끝 며느리 선 보는 날 처음 밖을 출입하여 끝며느리를 선을 보려고 체험날 이날은 마음에 가진 감정은 늦은 감은 있으나 흐뭇한 하루였던 것이다. 이때에 동행한 맏누님이 함께 동행했던 일로 남겨진다.

필자는 부부가 함께 객지생활상은 고달픈 시간에 자녀들 간에 한 많은 타향살이로 이어가고 있다. 한편은 경북북부지역을 누비면서 특파원생활을 마무리하고 자녀교육을 위해서 서울지역으로 이주하게 된다. 이곳은 교육생활권으로 수도진입이 어려워서 인근지역 성남시로 옮기면서 자녀 넷은 성남시 교육생활권으로 고등교육까지 마친다. 이때만 생각해도 사회생활상은 새마을사업은 마무리에 닿고 있었다. 한편으로는 산업사회로 바뀌고 자녀교육은 대학교문을 열고 입학하는가하면 고등교육을 끝내면서 직장생활로 발돋움하게 된다. 지금은 네 자매가 출가하여 국민생활로 걸어가고 있었다.

1980년도 17년간 이곳저곳으로 전전하며 삶을 찾아 정착한곳이 성남시를 잊을 수가 없었다. 머나먼 객지 생활 속에 틈을 내고 우리가정에 역사를 남겨두고자 필을 들기로 마음먹었던 것이다. 한 가정에 11남매를 두고 3남매는 어릴 적 잃었다. 9남매가 살아서 일가창립을 갖추고 각자도생으로 사회생활로 이어가고 있었다. 1966년 동짓달 마지막 경사를 끝내는 순간이 이루어진다. 막내둥이 '종필'양과 칠곡군 약목면 교동에 거주하는 '민재기'군과 무사히 결혼결실을 맺는 날이다. 부모님께서는 이제야 자식의 대사를 무거운 짐을 벗고 가정사가 가볍게 몸가짐으로 변모했었다. 이렇게 가정역사를 무난하게 지켜온 것이다. '금'이는 시집온 후 56년 만에 경사를 끝을 맺는 마음은 하늘을 날듯이 시원했을 것이다. 돌이켜 생각해보면 어머님이 시집오신지 엊그제 같은데 벌써 9남매를 알뜰히 다듬어 가꾸어온 지 꿈같은 추억이 오늘에 와서 지난 56년간 시집살이 아니 가정생활은 유구한 업적은 구구절절하게 지나왔던 과거사 공적의 빛을 남겼으니 높이 존경하지 않을 수 없이 그동안 어머님의 산모 역은 값진 보배로 뜨거운 모정이로소이다.

오랫동안 가사 일은 다양하게 생활문화를 몸소 경험하면서 열한 번째 이주생활을 끝으로 네 번째로 주택건립으로 정착하게 된다. 가사에 주택건립사업으로 삼부자가 자연을 극복하면서 부곡동 37번지 임야를 개발하고 자연림을 파헤치며 주택지를 개척하는 노력은 어려움을 딛고 가옥 신축공사를 위해서 땀과 출혈까지 감소하면서 남부럽지 않게 기와집을 마련하게 되었다. 1980년대에까지 살고 있던 가정집은 2000년대까지 있었으나 부모님 떠나신 후 자식들의 각자 이주로 가옥은 자연스럽게 없어졌다. 신축가옥은 집의 좌향은 남쪽방향으로, 몸체와 좌우아래채로 형태를 이루고, 양곡 저장소 2채 타작기계 풍로기까지 농가필수기구는 100퍼센트 갖춘 것이다. 송아지살림이 황소살림으로 변모한 생활상은 부부가 결합한지 56년 만에 자가 창립은 생후 네 번째 이룩한 건축물은 부모님이 황혼이 짙기 전에 주택마련은 흙의 문명으로 남긴 작품이었다. 튼튼하며 손색없는 건축약식이며 흙의 문명을 남겨놓은 주택문명의 흔적이다. 이렇게 이주할 때마다 열한 번째 평생에 남긴 생활상을 남겨놓는다.

또! 여기에는 손자손녀들의 고등교육까지 육성되고 있는 부모님들의 향학열은 특유한 뒷바라지였다. 언제나 가난만이 존재한다는 철학은 없는 것과 같다. 부자만이 존재한다는 의식도 영원한 것은 아니다. 이제야 부잣집 부러워할 것 없이 부유한 가정으로 당당하게 등장하여 가슴을 펴고 마음껏 숨을 들이키며 떳떳이 걸어가야 하는 늠름한 자세로 움직임은 명분 있는 현실에 다가선다. 주위에 사람들에게 아낌없는 인격적인 대우를 받으면서 반면에 가난한 사람에게 우선적으로 보살펴주기까지 자상한 부모님이었다. 두루두루 살펴주는 인정 많은 도덕심은 이웃 간에 다정한 인정을 심어주고 받음으로 인자한 성품을 잘 나타내준다.

가정사에 허례와 허식 사치와 낭비는 가정에 심은 유일한
생활신조 가훈이다. 참으며 아끼며 생명같이 활성화되어 왔었
다. 지난날의 부모님에 정신력은 후손에게 남겨준 살아있는
산 교육이었다. 남이 괴로울 때 스스로 괴롭던 것을 몸소 주위
를 걱정으로 보살피며 인류의 도덕적 관념은 떠날 수가 없었
다. 먼 훗날에 가정이 넉넉하게 발전하여 여가시간이 잠시간
머물 때 지난날 고생하시던 일, 돌이켜보며 꾸준히 일생을 근
면검소하던 반면 저축성은 누구보다도 의미 있는 결실로서 오
늘에 영광을 마련한 원동력 이였음을 생각하게 된다. 때로는
해마다 일철이 오면 농사일을 품삯주고 농사를 지어왔으며 이
웃마을에 궁핍한 생활에 호구지책으로 구원에 손길이오면 즉
석에서 인정으로 베풀어주시는 아버님과 어머님의 따뜻한 손
길은 이웃손님에게 인사를 받을 때면 과거사 고생한 여운에 잠

겨본 교훈이 살아난 것이다. 많은 양식과 많은 돈으로 딱한 사정에 보탬이 주어지며 즐거운 하루가 보람을 찾게 되면서 살아오신 생활상은 경제성장으로 남의 자산을 비유하기를 불허할 정도로 번영된 가정을 누려왔으리라.

1972년 12월 17일 하오5시경 아버님이 돌아올 수 없는 하늘세상으로 영원히 떠나셨다. 이날은 뜻밖에 당하는 일이라 당황하면서 얼떨떨하던 정신을 차릴 수 없이 비통한 슬픔에 잠기고 말았다. 필자는 지방에서 대구로 발령을 받고 도시로 옮긴다. 대구시 비산동에 살면서 밖으로 외근업무를 보고서 정오경에 사무실에 기록정리를 하던 중 바로위의 형님의 급한 전화가 있었다고 메모가 있어서 서슴없이 수화기를 잡고 전화번호를 돌렸다. 아버님이 쓰러져서 위중한 상태란 말씀에 정신이 띵하게 두드리는 것이었다. 가슴이 꽉 메어지는 동시에 살아오면서 지금까지 처음 듣는 위급한 연락은 순간으로 감정은 죽음을 막 앞둔 다급하던 것, 호흡까지 어렵도록 헐떡이게 하는 장면이었다. 즉시 자리를 떠나서 하오 3시 기차를 타고 고향집으로 급히 갔었다. 달려간 몸이 마당에 들어서는 순간 앞에 직선적으로 보여지는 모습은 아버님께서 큰방에 누워계셨다. 옆에는 대구에 거주하시는 맏누나께서 병간호를 보살피고 있었다. 어머님은 아래쪽으로 아버님의 곁에 가까이 앉아 아버님의 얼굴을 눈여겨보시면서 말씀 없이 안타깝게 지켜보시는 그 모습은 답답도 하였으리라. 어머님은 눈시울을 뜨겁게 한 채 맏누나는 계속 팔과 다리를 차근차근히 주무르며 간호하고 있었다. 필자는 아버님 앞에 꿇어앉아 "제가 왔습니다" 아버님께 여쭈어 불러보았습니다. 이때 아버님께서 아직까지는 정상적인 눈을 뜨시며 "왔느냐!"하시면서 업이가 불쌍하다고 중얼거린다. "자식이 없어서"하고는, 보았다는 일상을 충분히 보여주시는 것을 보고 느낀 그날의 장면은 지금까지 살아계신다고 잠시나마 생각 끝에 필자는 다급하게 방법을 생각한 나머지 자식의 도리로서 최선을 다하려고 우선 시내의 병원으로 달려갔었다.

상황을 옮겨서 입원할 수 없는 처지라 의사선생님을 모시고 와서 진찰한 결과는 진료는 효과가 없는 상태라서 더 이상 진료가 필요치 않다고 최 원장의 최후의 진술이었다. 그래서 필자는 꼼짝도 못하고 비극은 당하는구나 생각하며 얼굴이 화끈 달아오르면서 눈물이 주룩 얼굴을 타고 내리고 있었다. 이때서야 자식이 평소에 부모님에게 대한 불효한자식이라고 생각하며 소낙비 눈물이 쏟아진다. 당하는 체험으로 피부로 느낀 감정이 이론적인 평소생각은 크나큰 차이가 있는지 비로소 하늘과 땅의 격차로 경험한 실감이었다. 아버님께서 이제는 두 눈은 이미 초점을 잃고 제대로 깜빡거리지 못한 희미한 눈동자 옆에 꿇어앉아 밤낮 하루사이에 자식들은 뜬눈으로 슬피 우노니 하늘도 하는 수 없이 무심했으리라! 진료 차 다녀간 의사의 진단은 죽음직전에 누가누구든지 늙어지면 필연히 갖는 불치병 증세라는 것이 아닌가

아버님의 병상에는 팔다리는 불구의 몸같이 굳어버렸으며 물 한 모금도 제대로 못 마시는 증세에 하루 종일 정신이 흐렸다 맑을듯하면서 흐려지는 순간마다 안타깝게 무엇인가 바싹 마른 입술은 가끔 움직이면서 마을에 사는 성씨가진 '자갈터'가 나를 자꾸 가자고한다며 몇 마디로 흐려놓는다. 억지몸부림이었다. 살결이 축 늘어진 채 싸늘해져가는 아버님의 끓는 목소리는 자식에게 마지막 남겨줄 이야기를 하고 계셨건만 알아듣기 어려운 것이 이해부족으로 알 수가 없어 손발만 어루만지며 불효한 자식들은 엎드려 과거사 참회의 눈물을 쏟으며 앉아 목 놓아 슬피 울어야했다. 일찍이 병원으로 후송하여 진료를 했으면 절망적인 위기는 모면은 했을는지 모른다는 의사의 항변도 아니요 자식으로서 자식다운 일도 한 번도 해드리지 못한 채 영원히 저세상으로 보내시도록 해야만 하는 가슴에 간장이 찢어지는 듯한 비통한 것도 아닌가! 평소 아버님께 잘못으로 꾸중을 듣고 용서를 빌어본 적 없는 일, 가르쳐주신 열정만큼 열심히 공부하여 보답하지 못했던 것들! 농촌생활에 환경

따라 교육풍토가 아름다운 세속에 보람뿐만 아니라 자식들은 학교생활에 부모님을 한번만이라도 모셔보지 못한 부끄러움이 나의 생활에 거짓과 참된 것이 엄청나게 한이 맺혀진 것이 추억으로 남겨진다. 한때는 아버님의 소원이 있었다고 되새겨보면서 지난일이지만 불효자는 죄 많은 자식으로 모든 생활 속에 있는 그대로 고백으로 아버님께 생명을 마감하시기전에 용서를 받고 떳떳한 자식이 되고 싶어서 간절한 소망을 펴보지 못한 것을 늦게나마 남겨놓고, 이 기회에 남겨놓습니다.

필자가 중등학교시절에 있었던 일이다. 아버님께서 저에게 바램은 사범학교 (현재는 교육대학)을 졸업해서 초등학교 훌륭한 선생님이 되어달라는 아버님의 소망이셨다. 그런데 불행하게도 불합격하였다. 특이한 학교 입학제도가 신입생에 모집은 사범학교의 제도만이 특차시럼으로 선발하는데 실력이 부족하여 미치지 못한 실력에 아버님께 불신감이 얼마나 가슴 아프게 괴로워하시겠냐고! 생각해본다. 다음에 인문고교로 발길을 옮겨서 교육과정을 수료하게된다.

이 시대의 교육열성도 대단한 사회였지만 교육비도 역시나 만만찮게 농촌살림에 준비하기란 쉬운 일은 아니었던 것 같다. 농가에서 동산과 부동산에서 얻는 모든 재화는 가정에 식구들의 식량보급량이나 농사일에 비용을 엄청나게 마련하기란 밤낮을 가리지 않은 가족상은 한마디로 혼신일체가 되어서 움직여준 정성은 하나님도 감개무량 했으리라! 하루는 초겨울 아침이었다. 외양간에서 끌어낸 섞거름을 아침 일찍이 논갈이에 사방 펴늘고 하는 작업인데 반복되는 겨울작업인데, '누가 일하는가 봐라' 하고 중얼거렸다. 나는 속으로 불만이 있었다. 그 시간에 서울에서 내려와서 늦잠을 자고 있던 형님이 생각나서 시기심이 노출되어 누구는 공부하고 누구는 농사일만 하던 일에 불만이 가슴속에서 한숨과 함께 터져 나온 것이다. 이때에 소죽을 끓이시던 아버님께서 하시는 격분은 "일하기 싫으면 그만두고 나가라"고 꾸짖어 주신일은 후일에 무릎을 꿇고 용서를 빌지 못했던 필자의 소치가 이제야 깨달아 오르니! 이것뿐이겠는가.

학교에 다니면서 부모님께 등교길이나 귀가길에 한 번도 인사를 올리지 못한 불효자식은 늦게나마 고개 숙여진다. 아버지께서 자식 잘 키워 보려고 건강에 무리갈 만큼 고생을 마다하지 않으시고 잘 보살펴주신 덕에 이만큼 자랐지만 타인보다 대접하지 못한 못난 자식이 어디에 있겠느냐고 반성해본다. '아버님! 그 때의 지난 행동과 일들은 차마 말씀드리기가 불효막심한 줄 전혀 몰랐습니다. 철없이 부모님만 원망스러웠을 뿐이라고 적고 있습니다. 날이 가고 달이 지나며 해가 거듭함에 따라 이렇게 뼈아픈 상처를 저의 가슴에 영원히 남겨놓을 줄은 전혀 생각지도 몰랐습니다. 저는 이제야 천벌을 받을 불효자입니다.'

아버님은 휴일이 없었다. 사계절을 벗 삼아 살아오시던 생활관은 별다를 것 없는 인생관을 지니셨다. 새벽이면 여느때

와 다름없이 소죽 끓이기를 잠시나마 한 대의 담배 맛으로 입과 목가심에 이어서 괭이랑 호미 등 농기구를 어깨에 메워들고 나가시는 모습은 젊음의 기백을 앞지르고 움직임의 동작 하나하나가 돌아가는 시계바늘처럼 정확하고도 부지런함이 생각나게 한다. 여름이면 삼베옷 저고리로 피부를 가리시고 시원스럽게 단장하시여 한 손엔 소 고삐를 잡고 또 다른 손엔 낫을 들고 몸 허리에는 긴담뱃대를 꽂아서 어깨에는 꼴방태를 둘러메고 산길로 들길로 소먹이 풀을 뜯기에 깎아 담은 시간은 분주하게 육체를 움직임이 건전한 생활상은 부지런하게도 타고난 움직임인가 싶다. 오뉴월에 젖은 땀방울은 등과 가슴에 타고내리며, 다리정강이까지 걷어 올린 무명옷, 삼베옷은 흙냄새랑 땀 냄새가 흠씬 풍기게끔 삼복더위가 진가를 부린다. 항상 평범하고 남루한 차림으로 메틀 짚신과 고무신을 신으시고 자식을 위해 몸매에 중우말기까지 옷자락마다 비지땀은 마를 날 없이 평생 동안 고생하신 아버님에게 보답하려는 마음은 자식다운 자식 되어 희망을 품고서 부모님에게 보람찬 기쁨을 선물하려던 자식들은 지난시간에 미증유로 오늘에 속죄를 하려던 것 맹세하고 다짐까지 해뒀던 결실은 부족한 현실로 다가서고 있다.

이제는 현실이 실제상황으로 세상사 인간사에 운명을 맞으며 신의 부름을 따라가심은 자식들은 한을 어떻게 풀어야하는지 과거사의 참회로 눈물이 앞을 가려서 봅니다. 임종 전까지 맑은 일상생활은 조금도 흐트러짐 없이 정확한 시간에 일과를 챙겨오신 아버님의 마지막 말씀인줄 누구인들 알았겠느냐고 운명에 맡겨놓습니다.

아버님의 임종을 앞둔 그때만 해도 손마디마다 발끝까지 흙냄새 풍기는 것도 평생을 살아오면서 특이하게도 흙의 문명을 터득하고 농가 일에 주어진 천직으로 심어진 농업이요 흙의 진한 맛이 남겨진다. 부모님의 걸어오신 자취는 험난한 첩첩계곡을 홀로서 위기를 여러 번 헤쳐서 빠져나오신 삶이며 뼈를 깎는 듯 살을 도려내듯이 아픔을 견디면서 80 평생 가까이 살아오신 파란 많은 인생살이였다는 것도 앞에서 언급했던 것처럼 역력히 남겨진 것도 교훈으로 남는다.

살아오신 과정을 이모저모를 살펴보면 만 가지가 생활용품을 생각하면은 1950년도 까지만 해도 짚으로 만든 짚신으로 신고 삼베옷, 무명옷 솜옷을 입고 일상생활이었다. 하루 일과는 낮엔 논과 밭에서 밤엔 자정까지 가재도구 만들기, 새끼꼬기, 가마니짜기, 왕골자리짜기 등 소고리 명석 소명에랑 질매만들기 꼴담는 망태탕 대소고리등 가정에 써야하는 공예품을 만들기에 잠시도 손길 멈춤이 없이 결실을 모으고 했다. 하루는 겨울철이었다. 1956년쯤 생각이 된다. 아버님께서 시골 5일장이었다. 섣달중순께 수놈 큰 장닭을 다래끼에 길게 메워들고 팔려고 장날 시장으로 떠나셨다. 날씨는 북풍이 사정없이 휘몰아치는 겨울기후에 호흡이 어려울 정도였다. 시간은 오후4시를 접어들면서 닭을 팔고 오셨다. 큰방으로 들어오시면서 따뜻한 아랫목에 앉아계시는 어머님의 무릎 밑에 꽁꽁 얼었던 차가운 손을 넣으시면서 추위를 풀고 계셨다. 그런데 의관은 갓이랑 두루마기랑 의관을 벗을 겨를도 없이 추움을 견뎌나기가 무척이나 어렵든 모양 눈썹과 입술에 내려진 콧수염에는 호흡하는 동안 입김에 서려서 얼어붙어 얼음덩어리가 고드름처럼 주렁주렁 달렸었다. 오죽이나 추운바깥 날씨에 고생을 했다. 거기다가 겨울동안 잠재워둔 무 구덩이에서 한 포기 배추랑 무를 꺼내서 점심을 갱죽으로 끓여놓은 한 그릇을 잡수시면서 연신 콧물이 흘러내리면 굳은살이 주름 잡힌 다섯 손가락으로 한두 번씩 닦으시면서 훑어 내린다. 다음은 옆자리 놓인 화롯가에 담뱃불을 붙여가면서 장날에 있었던 이야기로 연속된다. 오늘 장터에 갔더니 해삼장사가 한창이더라 하고 말씀을 이어가면서 한 마리 사서먹었으면 좋을 상 싶더라만 돈이 아까워서 못 사먹었다는 말씀은 웃으시면서 한마디로 끝을 맺는 한 말씀이었다.

이러한 이야기를 듣고 보니, 동짓날 해삼이 선뜻 돌이켜 생각이 나는 것이다. 이것도 참고 저것도 참으며 근면과 절제생활은 허리끈을 조르면서까지 자산을 아끼면서 모와오신 신념은 소비는 모르시며 살아오신 정신만큼은 본받아야할 가훈답게 여겨진 진정한 일이었다. 좀 더 소상하게 부모님에 대한 생활상을 생각나는데 까지 남겨두고 싶었던 것 기록으로는 자식으로 아쉬움이 남겨진다.

한편 해방 전후로 성냥한통으로 3년을 사용해야 직성이 풀리는 절약한 생활에 이바지되는 방식이었다. 성냥개비 하나쯤은 아껴 쓰려고 화로에다 불태운 불덩이 재를 담아서 오래도록 다독이며 때만 오면 불을 켜서 사용하며 담뱃불로 추위까지 달래는 삶의 길이었다. 성냥도 없을 때는 원시시대의 불을 켜는 방법으로 차돌과 쇠붙이를 마찰시켜 삭혀온 솜에 불덩이가 닿게 하여 발화된 불을 오래도록 간직하고 이어지고 했다. 이 시대의 어려움이여! 생명과 부딪혀야하는 노력의 대가는 가난을 극복하는 것 이외는 아무것도 없었다. 이래서 노력시간이면 허기진 속을 헤어나려고 정신적이던 물질적이던 악을 쓰며 이빨을 깨물고 참노라면 아버님의 치근(이빨)이 허물어진 사연만은 굶어 지내기에 악을 쓰니 이빨이 망가졌다는 어머님의 귀띔하여주신 말씀이 생생하게 지금도 귓전에 담겨진 채로 울린 듯하다. 현대판 억척같은 장부로 칭하던 모범적 표상이 다정한 벗님도 옆에 두고 여담을 나누면서 소일하시던 시절은 예순이 넘어서면서 산림이 윤택하여지자 수년간 흙으로 새겨진 벗이 바로 김우용 씨로 털보영감이었다. 아버님 밑에서 함께 농사를 짓고 품삯일로 공동 일을 하면서 일하여주는 대가고 우리 가사에 있는 한우를 빌려주고 서로가 돕고 이해하면서 자상하게 허물없이 생활한 아버님의 추억담은 농사일에 인생철학을 나누면서 자리마다 기나긴 담뱃대와 쌈지주머니와 그리고 부시(차돌과 쇠붙이)로 불을 일으키고 담뱃대에서 연기를 한 모금씩 들이키며 잠시나마 시원서리 목가심은 쉬는 시간에 내뿜는 담배연기는 시원스럽게 입맛을 돋우는 기호식품으로 한몫을 해주기도 한다.

때로는 쉬는 시간에 새참 맛은 일품이다. 농사일손에는 바쁘게 활동을 이어가면서 쉬는 공간에는 오뉴월 천방둑 가에는 햇볕이 쨍쨍 내리쬐듯이 불볕에 피부가 까맣게 물들여진 화장색이 여름철에 검게 새겨진다. 그래서 여름을 껌둥이계절이라고 하던가. 간혹 샛바람이 일렁이면 버들가지 꺾어다가 잠시나마 더위를 가려지기도 하면서 더위를 식히기도 하고 휴식을 취하던 둑방가에는 뜨거운 날씨에 버드나무에 붙어서 울어대는 매미소리는 쉴 새 없이 노랫소리로 하모니를 이룬다. 농부에 등에서 축 처져 내린 속옷으로 휘어 받쳐 올린 것에 버드나무가지는 시원한 바람을 들게 하고 허리는 훤히 내보일라치면 별안간 들파리랑 쇠파리의 침 공세에 손을 뒤로 돌려 툭툭 두들겨대며 땀을 말리고 피로를 푸는 시골농부에 한 장면은 선조로부터 배워온 순수한 소박성은 살아있는 고귀한 고유의 아름다움 장면을 꾸미고 남겨주기도 한다. 1960년 이전에 시골농사에 농기구는 호미, 괭이, 삽, 쟁기 등으로 손으로 흙을 뒤지면서 오곡을 가꾸어서 생산하는 풍토였다. 당시의 수공업 농사일이 지금은 중화학공업시대를 열고 급진적인 기계공업화로 논밭을 가꾸는 일은 시대적으로 대조를 보여준다. 농촌은 새벽이면 농기구를 밭으로 들로 옮겨놓으며 아침 식사 전에 4시간 가량 들일을 정리한다. 잠자리는 일생동안 4시간에서 5시간 정도의 수면을 재우기도 한다.

부모님은 청춘시절에 선조로부터 타고 물려받은 유산 없이 오직 홀로 자신감으로 개척한 오늘에 쌓아올린 자수성가로 복 받은 일가 창립한 보람이라 하겠다. 어떻게 부모님 밑에서 한인간의 생명체로 태어났다는 운명은 숙명적인 인생의 탄생으로 부터! 아버님 18세, 어머님은! 14세에 부부가 되었지만, 아버님은 불행인지 다행인지 12세부터 고용살이로 품삯과 푼돈을 모을 시간도 없이 가사에는 3형제로 큰형님형제가 오락탕진으로 고용살이를 벗어날 수가 없었던 실정이었다. 위로 형제간에 빚더미에 쫓겨 다녀야 할 신세타령이다. 가슴 아프게 살아가는 불안과 초조함이 멈출 수 없이 계속 고통을 당하는 세월에 하물며 생명이 살아남은 억지몸부림으로 버텨온 실상이었다. 이런 상황에 부자지간은 불행만 자초한 것은 운명인지 지난 세월을 원망한들 지금에 와서 무슨 의미가! 타고난 운명으로 남겨보고자 한 점이다. 아버님은 자수성가로 사랑과 인정을 정성스럽게 살아온 적이 없는데 미래의 희망 없이 절망감만 안겨주니 이팔청춘시절의 안타까운 시간만 보내게 되었다. 한편 부모님은 꿋꿋하게 누구에게도 굴하지 아니하고 어려운 살림에도 불평불만 없이 선조님께 지극한 효성만은 3형제 중 막내로서 모범적인 자식이었다. 부부가 결혼 후 입고 먹을 것이 부족하여 남의 집에 고용살이랑 고생은 인격상은 품위까지 잃게 된 동기도 조부모와 형제지간의 어려운 일이 발생하여 슬픔만을 간직한 채 세월을 보내면서 그 후로는 아버님과 어머님은 함께 동고동락으로 자숙하면서 자수성가한 신념의 결실은 빈손으로 왔다가 황소살림으로 탈바꿈한 후에 반세기를 지나면서 훌륭한 가정을 꾸려서 자식을 가졌건만 그동안 배부르게 잘 갖추고 욕망을 충족하게 기대하면서 정신과 마음가짐은 지난날의 인생행로는 얼마나 고생을 하였겠느냐고 묻고 생각한다면 가슴이 메어질 것! 같은 현실감이다. 대기만성이라던가. 고진감래라 하듯이 가사에 일꾼을 두고 황소살림같이 소득은 갈수록 높아가고 자식들은 훌륭하게 활보하는 과정에 부모님은 어버이 몫을 훌륭히 백번 발휘했었다고 장담까지 하셨지만, 그래도 걸어온 길 살아가려는 길이 아득하다 하시면서 물 한 모금도 마음 놓고 잡수시지 않던 일이었다.

뜻밖에도 이젠 영원히 운명하시던 그날이 되었답니다. 자식으로서 부모님으로부터 물려받은 유산은 고생 끝에 맺어주신 결실일이지 망정 참회하면 할수록 부모님께 효성 있는 효도 한 번 못한 채 죄를 또 뉘우치며 가슴이 터지도록 쪼이며 울어도 봅니다. 부디 용서보다도 죄를 탓하여 주옵소서.

때는 해빙기가 풀려나는 봄기운이 솟구치는 1972년 따뜻
한 날, 고향에서 잠시 며칠을 머물면서 그동안 느껴오며 한번
쯤 어머니의 생활수기를 엮으려고 애써온 마음을 이날을 기하
여 자료수집에 착수하게 되었다. 기대했던 일과는 시작된다.

필자는 어머님과 함께 앞문을 열어놓고 봄볕을 피부로 태
우면서 큰방에 함께 앉아 단둘이 진종일 지나온 시집생활의 추
억담을 펼쳐보면서, 인생살이의 천태만상을 기억을 더듬어 가
면서 긴장된 마음을 억누르면서 소상하게 겪어오던 일, 이런
일 저런 일, 되었던 일과 안 되었던 일, 해야할 말과 안해야할
말을 이어가면서 엎드려 허리 쪽으로 손을 뒤로 돌려 툭툭치면
서 얼굴에는 주름살이 90 노인의 해를 가르는 주름진 굴곡뿐
깊숙이 드려진 눈동자엔 생각 못할 눈물이 글썽이면서 호흡마
저 가쁘게 내리쉬며 지나간 과거사를 생생하게 들려준 것이다.

한 가정을 가진 어머니로서 제일 좋을 때는? "자식들이 모여서 오순도순 이야기 하면서 웃는 장면"이였다고 기억을 더듬는다. 평소에 느껴본 기쁨이라고 서슴없이 들려준다. 왜 이렇게 표현했을까? 평소에 남편인 아버님께서 형제지간 또는 부자지간에 정이 없이 냉각한 생활상이었다고 보면, 자식을 낳은 다정한 사랑과 바람직한 소망 이였을 것이다. 한편으로는 어머님의 친가에서 있었던 가사풍토의 풍속과 미덕도 담겨진 것도 비교할수록 의미를 짚어볼 수 있겠다. 거기다 어쩌면 부부간의 거리감도 여실히 돋보인 듯도 하다. 한 가정에서 어버이와 자식들 사이에 생활상에서 웃음꺼리로 보람되고 기쁘게 만끽하는 시간만은 더없이 행복한 시간이 될 것이다. 부부간에 제일 고통과 슬픔이 함께 했을 때는? 한마디로 요약된 말씀은 아버님과 어머님의 사이에는 "진정한 사랑이 없었다"는 것으로 전한다. 정이란 손톱만치도 없었다하니 지나온 부부생활에 다정하게 상의도 없이 아버님의 독선적인 처세에 가혹하리 만큼 어머님께는 치명적인 불만은 풀수없이 두고도 생각해 본 일들이 많았다는 것으로 남기고 있다.

이렇게 부부에 정이 오고 가질 못했을까. 측면적인 이야기 말씀은 어머님의 생활상 시험대에서 가정환경이 말씀해 주듯이 이것은 삶에서 시달리다 보니 가난이 만들어 놓은 것을 뒷받침은 구구절절이도 지울 수 없는 과거사가 남겨놓고 있다한다. 평생 동안 부부는 마주앉아 웃어본 적 없이 또 정다운 말씀 한마디 없이 인정이란, 다정함이 이토록 없드냐고 옛 환경에 섭섭한 것이 시대적인 환경 상을 보여준 지배적인 인상을 살펴주고 있다. 이러한 시대상은 누구나가 빈곤이 발생하면서 만들어진 실정이 알려고 있다.

아버님을 만나는 날부터 이웃집에 생활 터로 신방을 차려 놓고 독수공방에 어머님 홀로서 여러 해를 지켜온 일들이었다. 모처럼 상면시간이 오면 그날은 잠자리에 여유시간은 주야간 노동시간에 정신적 육체적 시달림에 소일할 시간이 괴로웠다는 실정이었다. 그러므로 부부간의 담소시간이 없었다면 생활에 사랑이란 찾기 위한 보람된 시간은 허무하게도 지나버린 것이다. 그때의 흐름을 들여다보기가 안타까운 현실이었다. 아버님은 남성적인 주도형으로 가사를 이끌어 오신 여러 가지 생활수단은 억지로 받아드리면서까지 강행한 집착성을 지녔었던 것이다.

여기에 반하면 어머님은 피동적인 입장에서 부유한 가정에 옥녀로서 배움도 훌륭히 갖추었던 진정한 가정주부로서 정서적인 일상생활은 익숙한 여인상 이였기에 아버님과 차이점이 발생한 점도 생각이 되고 대조적 성격별에 따라 욕구불문이 가득해 보인다. 예로 보면 자식을 잃고 잊는 일들이 부모마음에 아픔을 되새겨 보면서 가끔 사소한 일에도 화근이 되어 부부간에 의견충돌이 앞서거니 서로가 양보 없이 잘못을 탓하게 주장하기에 능동적 움직임까지 박차를 가하면 심각한 상처까지 발생하여, 한때는 아버님으로부터 목침으로 가해한 상처부위가 머리 위 한 부분에는 지금도 상처가 아물지 못한 상처가 쑤시고 지금도 궂은 날씨에 진통을 느끼신다는 말씀은 저에게 처음 털어놓는 비애가 듣기에 충격이 엄청나게 아픔으로 들렸다. 그동안 어머님은 60세가 넘도록 진통을 겪는 상처는 어렵게 생각이 되고 왜! 그렇게 무리하게 생활이 아니면 못살겠는가!

　필자는 부부가 오직 사랑과 정성이 깃들지 못한 환경 탓으로 일관해 보고자 하는 기록으로 두고자 한다. 다음해의 어느 날 가을철인가 생각된다. 추수기에 밤낮으로 바쁜 시간에 타작을 하려고 볏단을 묶으며 쌓으며 일들이 한창인데 어머님께서 아래채에 디딜방간 뜰에서 미끄러져 옆으로 넘어지는 바람에 손목이 다쳐서 조금씩 좋지 않다는 말씀을 듣고서 그냥 소홀히 한 감정만 쌓인 채 자식된 필자가 그냥 방관했던 일을 후일에 알아본 결과 손목은 정상대로 움직이지만 정상이 아닌 손목이 부분적 탈골인 듯 상처를 남긴 상처! 글을 쓰면서 죄스러운 것 잊어본 적이 없는 저의 뇌리에 담은 채 효성이 없는 한심한 자식의 죗값을 지우지 못한 불효성이 지금에 나이가 여든여섯 살에 과거사를 두고서 생활 속에 영원히 기록으로 남겨놓는다. 그때의 진상은 넘어져서 돌계단 사이에 팔이 끼여서 일어서려했으나 마침 옆에서 필자가 일으키려하니 어머님께서 "놔둬라, 내가 일어날게" 하시면서 겨우 움직이며 일어나셨는데 손목을 잡고 자꾸 만지시는 장면이 있었었는데 이 현장에

현상을 목격한 필자가 마음에 상처를 잊지 못하고 있다. 어머님이 살아오시면서 가장 고통스러웠던 일은 무엇입니까? 여쭈어 보았다.

요약하면 살림살이가 으뜸으로 나타난다. 먹는 것, 입는 것, 가르치는 것, 재물 등이 거론된다. 특히나 재물이 없어서 고생을 했어도 표현할 정도가 아닌 죽음 전에서 구사일생으로 살아온 아찔했던 환경이 기적을 낳고 살아오셨다. 부족한 살림살이에 한 가지는 한푼 두푼을 모으시며 노력을 쏟은 정성은 얼마나 고통을 몸소 참아오셨다. 그래도 생활에 희망을 기대한 청사진은 한 가지도 실천해볼 겨를도 없이 흘러온 실상이었다. 여기 재산에 식량난에 아픈 상처의 생활고는 항시 떠날 수가 없었다. 아버님 농사일에 옷가지를 마련하려면 무명옷 삼베옷이 낡아지면 옷가지를 제대로 마련할 수 없는 괴로움이 속을 썩게 한다. 새 옷을 한번 갈아입을 때는 벗은 옷을 빨아서 입을 때까지 세탁과정은 옛날에 밤새껏 씻어서 말려서 풀을 적시고 다시 말려서 디딤돌에 두들겨서 풀을 먹여서 다리미로 부드럽게 옷가지 천을 감촉되게 포근하게 만들어서 아침이면 남편의 잠자리에 정성껏 간직한 채 옷을 머리맡에 두고 아침이면 저녁 옷을 입게 했으니 이 바느질과 길쌈은 솜씨치고 일품은 어디에 비하여도 섬세한 길쌈솜씨는 각 가정마다 놀랍게 일깨웠던 일화는 모범적 사례로 새겨진다.

어떤 때는 다른 가정에서 일을 할 때는 생활에 식량은 선

수금으로 살아오신 시집생활이다. 거기다가 주위의 빚 때문에 연명한 생활정도는 남편의 노력에 대가 없이 어려움이 갈수록 더 심각하게 재물이 모여질 날이 없이 부부의 긴장만 애태우며 어려운 생활만이 이어지는 인생살이로 경험적인 생활이다. 이렇게 어려운 생활에도 불구하고 희망을 갖고서 현모양처로 군림하던 어머님은 의지와 신뢰신념이 가정에 완벽성을 사시사철에 비가 오나 눈이오나 변함없이 송죽과 같이 꿋꿋하게 일편단심으로 일부일처의 생활관이 오늘에 자손에게 남겨준 가훈이요 산 교훈이었다. 이렇게 살아오신 애환도 읊어지며 비일비재한 숨겨진 이야기들이 두고도 남겨진다.

옛날에 원시적인 생활상이라고 생각되기까지의 일이다. 식사의 찬을 마련하려면 뽕잎, 콩잎, 박잎, 호박잎, 딱벌잎 등 자연산 나물반찬이 아니었으면 인명에 유지되기 어려웠을 것을 새겨보면 이것이 바로 생명에 근원이 된 젖줄이었다. 한때는 시집살이 할 무렵 가을철에 때(끼니)를 잇기가 바쁘게도 배고픔을 면하려고 벼이삭이 익지도 않은 이삭을 훑어다가 소금물에 살짝 묻혀 볶아서 절구에다 인력으로 빻아서 껍질을 가려낸 후 그 쌀로 죽을 끓여서 식사 때를 이어온 어설픈 생활상도 있었으며 또한 콩잎을 따서 일곱동을 급한 식량공급으로 끼니를 이었다하고, 콩잎을 나무토막에다 두 손으로 문질러서 먹어보니 이렇게도 구수하게 맛있는 일미를 느꼈다는 일화도 남긴다. 살림그릇도 없어서 깨진 것 그릇과 금이 간 것에 헝겊 천으로 물샐틈없이 풀로 발라서 햇볕에 말려서 오래도록 사용하였다. 1940년대는 어머님께서 시장 장터에서 구입한 해삼물인 우뭇가사리란 해조류로 부드럽게 솥에 꼬아서 묵을 마련하여 끼니를 메워오기도 했었다. 들 가에 생산된 자연산 쑥을 뜯어다가 쑥 밥맛도 일품으로 자리를 한다. 보리쌀 다음에 보리딩겨와 개떡이란 음식도 쪄서 식사로 허기를 채워야 했던 시대도 새겨본다.

오늘도 어머님께서 후회스럽던 것은 가슴깊이 숨겨놓은 아픔이었다. 던져주시던 말씀은 회갑과 진갑을 지내신후 남과 함께 훌륭한 자식들과 많은 재산을 갖고 있으면서도 넉넉히 두고도 내외간에 못 먹고 못 입고 살아오시다가 가난을 벗어버리고 짧은 인생살이를 희망을 가졌지만 아버님의 일상적인 삶을 누려 오시다가 영원히 앞서 떠나가신 영혼에 슬픈 채 주름진 얼굴에 눈물을 쏟아 흘려야했던 그때 그 장면은 필자가 어렸을 때 어머님 곁에서 본 장면은 지금도 선명하게 나타납니다. 지난날 이야기를 회상하면서 타고 내리는 눈시울에 터득터득한 일손으로 눈물을 가리며 남편에게 과거사의 후회한 점과, 지금의 죽음 앞에서 반성과 회고로 내조로서 정성껏 받들지 못한 여러 가지 일들이 원망스럽고 안타까운 심정을 생각해보면 하루를 정리해 본 것이다. 그동안에 어머님이 아버님께 지울 수 없는 일은 무엇이겠습니까? 필자가 꼭 남기고 싶어서 말씀을 드린 것은 운명적인 면을 남기려고 던졌던 것이다. 생생하게 말씀해주신 과정이 분명하게 드러나고 있다.

한때는 어느 날 여름철이다. 낮 정오가 지나서 궁금한 것을 살며 보고서 밝혀놓게 된다. 사랑방에서 아버님이 낮잠으로 잠시 주무시는 모습이 어버이의 고달픈 감상에서 떠오르는 그날의 장면은 더위에 지쳐서 저고리 고름을 풀고 좌우로 제쳐서 가슴을 시원스럽게 땀을 씻으며 주무시는 모습은 가슴 쪽 갈비뼈와 뱃가죽이 허리부분까지 젓가락으로 집어놓은 것처럼 피골이 상접되었으니 보기가 역겨워 누가 알겠느냐고 눈물을 적시며 울음을 삼키며 울먹이는 어머님이었다. 이것은 하나의 사랑에서 오는 울먹임도 아니요 정이 두터워서 오는 울음도 아니었다. 또한 육신에서 병이 있어서도 아니요 보기가 허약해서 체격 상 안타까운 점도 아니다. 오직 삶에 투철한 능력을 가졌으면서 많은 고생을 하시고 많이도 모으셨으면서 많이도 벌어들였지만! 지난날 없을 때는 못 먹고 못 입고 한 것이 오늘에 재산이 있을 때 아끼고 절약한 생활로 두고도 못입고 못먹고서 멀리 떠난 님의 그때 그 모습은 함께 평생을 생활하면서 체험하여온 과거사가 너무나도 파란만장하게 억척같이 살아오셨으니! 인생에 종말을 지울 때 오는 한스러운 슬픔이었다. 왜 두고도 안으로 내실을 충실하여도 안먹고 갔느냐고? 생각할 초점은 스스로 가난을 극복한 아픔의 일화가 아니고 무엇이겠는가 하고 자식에게 남겨놓은 어머님의 감정과 감성을 회상한 것을 소신껏 펼쳐진 의사 표시판이 되겠다.

이 작품을 쓰면서 듣건대 눈물도 흘리면서 많은 것을 배우고 익혔다. 때로는 어머님의 일상생활에 괴롭혀주는 마음속 병이 가끔 일어나는 아픔은 배속의 속병 때문에 십년동안 제일 쓰라린 생활에서 발생한 마음에 병을 지녔던 것도 가난과 자식 때문이라는 병을 가진 것이다. 이러한 병으로 십년 넘게 투병한 걱정담은 치료방법인 영양제 포도달링게르란 필자의 조치로 영양소로 하여금 병을 다스리게 되었던 일화가 화젯거리도 이것 처방조치는 필자가 군병원에서 약제계 근무로 인해서 매듭짓게 되었다. 이 무렵에 가정사에 살림이 승승장구할 때에 우환이 겹쳐서 농가에 큰 자산인 황소농우를 잃었으니 크나큰 손실을 보게 된 걱정도 이만저만이 아닌 걱정이 안타까운 현실에서 겪어야했다. 때로는 아들이 사방공사실에 돈벌이로 갔다가 아랫도리 정강이에 심한 상처를 입고 오래도록 고생한 일도 있는가하면 끝에 자식도 저수지 공사장에서 작업운반 차량에 미끄러지면서 오른손 손가락이 철로에 깔려서 잘린 상처로 97일간 병원 신세로 운명도 답답한 신세로 그만두고 말았다. 이런 상처는 삶을 위한 노력으로 의지가 다져진 것이다.

오랫동안 유구한 업적을 쌓으면서 역경을 이겨오던 어버이의 험난한 길은 굽이굽이 긴 역사를 남겼다고 생각하면서 천신만고의 어머님의 여인상을 그대로 순수하게 그려보고 싶었던 것은 곱게 누빈 무명포대기에 폭 감싸듯이 어린자녀들을 업고 평소 소박한 한때의 모습이었다. 또한 하얀 고무신 신발을 살짝 뗄까말까 하면서 몸을 좌우로 가볍게 흔들면서 장단이라도 맞추듯이 뒤로 돌린 손바닥으로 가볍게 자식에 엉덩이를 토닥거리는 어린아이를 달래는 모습도 이렇게 자녀들을 기르시는 어머님의 여인상이 였으리라!

또 하나는 옛날에 아침마다 무거운 물동이를 이고 부엌일을 하시던 그 모습인양 잊을 수 없는 것도 있었다. 삼배적삼은 앞섶은 말려 올라가고 치마 말기랑 가볍게 걸치고 허리는 빠진 채로 등에서 미끄러져 내려온 어린자식을 엉덩이에다 달고서 물동이를 이고 앞 샘가에서 부엌 길로 오르내리던 여인상은 또한 힘겨운 생활상이다. 이것은 그 모습이 추하다기보다는 삶에 생동감을 느끼게 했으며 걸음마다 움직임은 처량하다 하기보다는 강한 삶의 의지를 느끼게 보여준다. 생활상은 동양적인 양식과 의식구조로 차이에서 나온 것이 틀림없이 지나왔던 가정사로 보인다.

하루는 여름철이었다. 목화밭을 거닐면서 호미 들고 김 매시던 예순 넘은 연세에 농사일을 하시는걸 보고 뜻밖에도 감탄할 일이었다. 목화밭 가꾸어서 아들딸들의 장래 유렴으로 자식 살림 밑천을 마련하려고, 손수 마련한 삼베 치마저고리는 섬세한 차림으로 갈아 입은 지 하루가 멀다시피 땀으로 젖어 축 처져내린다. 주름살 꾸밈 살에 타고내리는 땀을 밭고랑에 떨어뜨리는 일은 밭고랑마다 적셔놓은 일들은 헤아릴 수 없는 그 솜같이 부드러운 근육이 굳은살로 얼룩지며 앞가슴은 저고리 깃

사이로 젖꼭지가 보일 듯이, 옷섶은 말려 올라선 채 치마 끝은 주름이 한 가닥 걸어 올려 옆구리 허리에 끼어 꽂은 채 밭고랑을 향해 호미 날은 연거푸 앞을 가리면서 꾸부린 허리를 펴면서 흙이 촉촉이 묻은 손으로 땀을 걷어 뿌리면서, 앞머리의 머리카락이 내리기하면 한손으로 걷어 올려 귓가에 꽂아두면서 또다시 꾸부린 허리를 펴고는 주먹손으로 고달픈 허리를 툭툭 치며 긴 숨을 내쉬는 여인상은 이제야 그립다기보다 어머님의 농가의 주부로서 해야 할 필연적인 숙명으로 이어준 일과였다.

옛 시절은 자수성가의 몸부림으로 가정에 들면 길쌈손길이랑 삼베 실을 나르며 무명천 마련에 여념이 없었다. 여름철 옷감은 삼베감 옷을 만드는 과정은 복잡하였다. 삼베실 한파람 한 오리 이으려면 물에 담갔다가 도마 칼로 찍어 눌러서 미끈한 껍질을 밀어내며 실파람 한 가닥을 입에다 물고 한 가닥은 잡친 무릎위에 놓고 비비대며 돌려 잇는 삼을 삼는 실꾸리 마련에, 옆에 둔 대소구리에 실 가닥을 사려놓는 여인상의 손맵씨는 섬세한 몸가짐이 고귀하고 아름다운 모습들이다. 앞편은 밤새껏 할 일은 많은데 목화 꽃을 뽑아 올려서 무릎위에 몰아두고 박달나무로 만든 '쐐기'란 목화기계 즉 목화자료를 왼쪽 손에 잡고 오른손으로 쐐기를 돌려서 영신 자료를 밀어 넣고 씨앗을 가려내는 솜씨도 구경꺼리로 보여진다. 밤새껏 무릎위에 놓은 일거리에 옆으로 잡쳐앉아 손잡이는 앞으로 밀었다 당겼다 반복 작업에 씨앗을 가리면서 쐐기밥을 주는데 다리에 기댄 채, 울다가 지쳐서 잠든 자식 그냥 두고 목화자료작업을 이어서 다음에 대나무로 만든 활줄로 튕겨서 솜을 만들고 이부자리와 솜옷을 자녀들께 혼수물로 남기고 '물레'돌려서 실을 뽑아 실꾸리에 감아서 산적하여 태양아래 뙤약볕에 왕겨불 피어 놓고, 옆에서 보채는 아이울음은 알쏭달쏭하게 아랑곳없이 미움이 있지도 안지도 않는 곳에 젖꼭지 물린 채로 하루 이틀 풀을 만들어서 실밥을 묻혀주고, 실을 솔로 계속 빗어 날으며 바디에 이어서 도루말이에 재랫대에 끼어서 감아 돌려서 실을 걸은 후 베틀에 올려놓고, 허리에 넓적한 띠를 돌려 묶고 실파람 북통에 담고 아래위로 엉켜놓고 높고 낮게 반복하는 사이에는 실 가닥은 샛길로 북을 좌우로 밀고 당기면서, 한쪽 발은 당겨 놓고 풀어놓으면서 손과 발은 장단 갖추어 춤추듯 엉켜서 흥거운 장단으로 바디집소리 철거덕 베를 짜는 소리는 어머님의 솜씨는 멋들어진 여인상을 챙겨놓는 것이다. 어머님의 한 생애에 이 많은 것 어려운 일을 힘겹도록 모아놓은 재산을 자식들이 느끼고 마음가짐에 두고서 꾸려진 작품이 영원히 소장되도록 기록이 되게끔 간절할 뿐입니다. 지금까지 아버님, 어머님의 일일동 생활상을 펴보았지만 부족한 자료를 나열한 기록으로 모아둬야겠다.

끝으로 부모님은 아들 5형제와 딸 4자매를 출가 및 출입을 시키면서 천직이 농업이 주업으로 흙에서 태어나서 흙으로 돌아가는 보람을 남겨두고 '농자는 천하지 대본'이란 뜻과 철학을 구현하여 사위들도 농부의 자식이요 며느리들도 농부의 자식을 맞이한 집념은 초지일관이었다. 따라서 딸자식을 타 가문에 보낼 때도 문벌과 가문에 고르게 출입하시고 출가 때도 고르게 갖춤은 보람되게 혼사일은 좋은 경사를 이루었던 것이다. 이렇게 맞이한 경사는 아버님의 3형제 중에서 으뜸을 자랑스럽게 남겨둔다. 이로써 아들 5형제에 손자 7명과 손녀 9명을 두었다. 한편은 출가한 딸들은 외손자 6명 외손녀 6명을 맞이했다. 이렇게 살아오신 동안에 가시밭길 오솔길이었다. 아버님이 일찍 떠나신 이후에 어머님께서 기다리시다가 지쳐서 잃어버린 장남소식이 1969년에 일본 땅 사하린(화태)에서 살아 계신다는 장남의 산진과 친필이 25년 만에 제일 기쁜 소식이 반갑게 들으면서 받아 쥐었을 때, "아! 내 자식이 살아있구나"하고 살아서 알고 소식들은 어머님의 심정은 한을 반은 풀었으니 이 얼마나 반가운 일이 아닌가! 그래도 어머님의 품안에서 직접 피부로 함께 살아보지 못한 것 한이라면 아픔은 영원한 것! 같다. 이토록 어린자식 생명을 품안에 따뜻이 키워왔으며 한 모금의 젖줄기로 분양 공급해 주었으니 이것이 혈연을 이어준 모정이었으며 한결같이 다정하게 보금자리로 한 분 한 분씩 옮겨주신 어버이의 보람찬 업적은 후세에 길이길이 남음이 될 것이며 영원토록 존속함을 약속을 드리며 마음속까지 흡족토록 내용을 담지 못함은 송구스럽게도 마음은 항상 무겁게 생각하면서 올리는 글이옵니다. 이만 끝을 맺습니다.

마지막 삶과 모상기(母喪記)

'누워계신 어머님' 어머님 왜 이렇게 되었답니까?

여기에 불효자가 늦은 감을 짊어진 채로 이제야 와서 죄스럽던 여러 가지 일들을 생각하고 무릎을 꿇고 두세 번이나 용서를 빌었습니다만, 어머님께서 "죄는 무슨 죄가 있느냐"고 하신말씀을 너그럽게 용서하셨습니다. 꿇어앉은 저의 무릎에다 힘없이 내민 어머님의 포근한 손길이 이 못난이의 손을 덥석 잡고 "이젠 눈감고 가겠다"고 던져주시던 어머님의 목소리는 불효자식을 그래도 잊지 못할 정을 두고서 고개를 좌우로 흔들 때면 가슴을 찢어지게 합니다. 이러한 말씀은 충격과 감동을 던져다 주는 슬픔은 더욱더 북받쳐 비통함을 가지면서 고개 숙여 한없이 목 놓아 울었답니다. 엎드려 사죄를 구한들 다할쏘냐! 자식에게 나은 정 기른 정을 말씀한마디 없이 지금까지 태산과 같이 쌓아 놓으신 것도 한시가 급하게도 마지막인 것 같군요. 어머님 이젠 누워계신다니! 웬 말씀이 없으신지요. 제가 일찍이 뵈옵지 못한 불효자가 천리타향 멀리서 소식을 듣고 또 듣고 듣는 괴로운 소식에 한없이 울었답니다. 타향땅 집에서 아이들 몰래 혼자서 창가로 향해 머나먼 하늘을 바라보면서 눈물을 소나기 내리듯 쏟고 나니 너도 울고 나도 울고 모두가 울며 산천도 울었답니다. 잠시나마 울던 것도 멈추니 쓸모없는 눈물로 되었답니다. 여기 병석에 누워계신 어머님의 무릎을 덥석 잡고 꿇어 앉아 고개 숙여 자식 된 도리가 아니라고 용서를 빌었습니다. 이 현상도 참되고 이유 없이 순박한 고백 이였답니다. 어머님의 검은 머리카락이 생전에 예순 연세에 들어서면서 흰머리로 바뀌어 가시더니! 아흔이 다가온 날에 새롭게도 검은 머리카락이 솟아나고 있었던 모습도 어머님의 아름다움이 되새겨지기까지 눈 여겨 보았던 것입니다.

한 가닥 글로써 동심인양 엮어 감은 삶의 괴로움도 보람을 찾는 듯도 합니다만, 지난날 발톱 손톱으로 도구삼아 생애에 땀을 뿌렸으니! 이젠 아흔 살에 하루가 빠진 것이 적다고하나, 얼룩진 얼굴에는 달 같은 눈동자가 사라지고 옛 모습은 볼 수 없이 희미해가고 오랜 세월이 스쳐간 어머님의 주름살은 치맛자락 주름인양 그냥 마다하고 곱게 더 섬세하게도 이마에 여섯 주름살이던가, 지금은 지나쳐버린 것에 빗으로 다듬은 것 같아 간곳없이 지난날이 벌써 오래라 일컫고, 선천적인 형상은 온데간데없습니다. 평소에 백옥같이 하얗게 가지신 피부가 왜

영잎 갈잎모양 시들어 간답니까, 이것이 인생에 노퇴성이라고 서러움이 아니고 무엇이겠습니까, 여기 큰 방에 한쪽의 구석진 아랫목에 비닐장판자리에 삶에 뿌리가 내린 보금자리에 향소에 누워계신 어머님! 왼쪽 대퇴부의 엉덩이에 골절상으로 와병중 신음으로 진통을 겪는 시간은 의학도인들 다할쏘냐?! 아이 아픔이여! 이 고통 치는 가슴에 다 신통하고 신기롭게 탁 트여짐을 달라고 외쳐도 그 누구하나 따뜻한 손길이 없나니, 이 세상에 더없이 답답한 그 찡그림의 고통! 그러나 혹시나 진통이 멀리나 사라지려니 생각뿐이라 속수무책이련다.

　누워 계신 곳 자리랑 반 평된 위에는 얄팍한 스펀지로 된 몇 년 묵은 이부자리 베개 두서너 개가 뒹굴며 알몸에 걸친 옷이란 것은 얄팍한 몸매에 봄 스웨터로 덮여진 차림에 가려지고, 흰색 띤 짧은 주름치마로 하 대퇴부 상처를 가리고 병상소일이야 "아프다" "답답하다" 하시니 보는 이의 감동이 눈시울이 정과 한이 이곳에 서려있었기에, 눈물만이 뺨을 타고 내립니다. 목이 타고　가슴이 타는 갈증에 "물, 물"하시는 몸부림의 역정은 차마 눈뜨고 볼 수가 없었습니다. 잦은 실수로 차가운 냉수만을 찾는데, 타는 심장을 잠시나마 달래는 듯 약 대신 역할뿐이었습니다. 찾은 물도 한 숟가락 올려보면 흐르는 채 내리며 왈칵 내미는 물 한모금도 숨 막히던 진통에다 찢고 찢는 가슴을 툭툭 치며 움켜쥐시고 뜯는 것도 오죽이야 답답할쏘냐. 손가락은 힘없이 드리우고 병상에 간호는 전신을 당기며 옆으로 뉘이고 앉히며 엎드리며 바르게 뉘이고 부축하며 반복되는 몸부림도 인생사고에 닿는 것이랴! 사람은 나면 늙고 병들어 죽고 한다는 현상이려니 '석가는 어찌하여 인생무정으로 인해 설산을 고행해야 했는가' 인생무상이 아니더냐고 생각한들 다 열거 못하리라, 겪다 못한 진통이 거듭되면서 어머님은 "죽을 약을 달라. 죽기도 이렇게 힘이 들더냐"고 애원의 고통을 내품는 긴 한숨에 숨결소리는 생애에 하시다가 못다한 한을 풀지 못했으리라. 지난날 그 맑은 눈동자는 그만 병상에서 저물어지는 그믐달 그림자 같은 이에 의미하게 멀리로 두 눈꺼풀이 깊게도 감은 눈동자, 이 억울하게 잃어가는것! 아 순간순간에 깜빡일 뿐입니다.

가시는 날 막을 수 없는 것, 가시밭길 험하여도 가야할 길인가 합니다. 이토록 생각해본 불효자는 두 손을 모으고 두 번세 번 또 다시 빌었습니다만 또 다시 하신 말씀 "너희가 무슨죄가 있느냐" 겨우 들리는 말씀이 들릴 듯 말 듯 새어나오는 음성소리에 저는 어머님의 손을 잡고 울며불며 용서를 받고 보니 또 하시는 말씀은 "이젠 눈감고 가겠다" 하시더니 곧장 이어서 "업이가 불쌍하다"고 하셨어요. 이 말씀은 대를 잇는 아들이 없다는 뜻으로 마지막 남겨진 감성을 더해주니, 이렇게 마지막 남긴 말씀을 듣는 자식에게 가슴을 두들겨 뭉클하게 울음통을 터트려줍니다.

"어머님 웬 말씀입니까" 생애 마지막 말씀을 남기면서 그렇게 용서로서 사죄를 구한다고 마지막에 참회로 불효자식이 흐느꼈습니다. 저를 낳으시고 기르시고 금이야 옥이야 애지중지 사랑 속에 그 자비로운 정을 담뿍 주셨던 것도 이젠 막 끝났단 말입니까, 어머님 곁에 고희가 된 맏딸 자식이 병상을 부축하고 지켜보다가, 또 자식들 모두가 염려함이야 정성을 깃들여 어머님의 안녕을 조금도 아니! 한시도 빠짐없이 기원도 드리고서 생애 살아생전 주신말씀 지울 수 없소이다.

평소 자상하시고 겸허하시며 엄숙한 것에 애정을 풍겨주시던 그 지난날 "야야~ 애야~"하고 부르시던 그 음성이 지금도 귓전을 울리는 듯 한데 그 음성이 어디 갔단 말입니까, 때로는 문 앞에서 〈옥동전〉〈낭자전〉을 펴서 들고서 줄줄 읽어 내려가시던 그 모습에 흰 안경테 넘어서 가사원고를 정리하시던 그 모습도 이제는 끝입니까. 지난날 나라에 난을 맞아 6·25동란 때 두루마리를 뜯어다 문풍지로 찢어진 문살에 바르시고 벽지로 바르시던 알뜰살림에 그 솜씨가 가정에 아름다움을 장식하신 우리 가사에 여인상은 천의무봉 (天衣無縫)한 우리 어머님이셨답니다. 쌓은 일들에 보람된 가업을 남기시고 물려주시기까지 멀리가신 어머님의 공을 받들며 이제 와서 어떻게 표현해야할 죄책감에 말문이 닫힙니다. 이 시간을 어머님 옆에서 이 글을 올립니다. 지나간 날을 어렴풋한 일들을 자식으로써 못다한 것들을 참회로 달래며 원통하게 흐느끼며 깊고 깊은 명상에 잠기려합니다.

1985년 1월 7일 고향땅에서 서사적 기록으로 남겨 놓습니
다. "어머님! 어머님!" 마지막으로 용서를 감성적으로 말없이
목을 드리우고 빌어 보았습니다.

心喪
百年

부 록

〈정부소명자료〉
60년을 묻어 둔 내 이름, 진상규명을 통해 다시 찾다

〈종갑 형님이 동생 종립에게 보낸 편지내용〉
종갑 형님의 비운(悲運)적 삶,
부모형제간 잃어버린 47년만에 귀국한 사연은 이렇다!

60년을 묻어 둔 내 이름, 진상규명을 통해 다시 찾다

평생을 사촌의 이름으로 살아야 했던,
사할린 강제동원 피해자 이종갑의 사연

조사2과 조사1팀 방일권 (한국외국어대학교 교수, 진상규명위원)

일제강점하강제동원피해진상규명위원회는 2005년 이래 23만 여건의 강제동원 피해 신고를 접수했다. 이미 60년이 지난 과거 사실의 진상을 규명하기 위해서는 관련 입증자료가 절실히 요구되는데 이는 위원회의 조사 활동 뿐 아니라 신고인의 적극적인 협력과 정보의 제공이 함께 어우러져야 가능한 일이다. 여기, 자신의 이름을 지난 60년 세월 속에 묻어두고 다른 사람의 이름으로 살아야 했던 피해자가 신고인과 위원회의 노력으로 강제동원된 사실이 입증되고, 그 이름을 되찾게 되는 과정을 소개하고자 한다.

어느날, 자신의 형인 이종갑의 피해에 대해 진술할 것이 있다며 한 신고인이 위원회를 방문하였다. 일본 홋카이도의 모 탄광으로 동원된 형은 평소 자신을 혹독하게 다루었던 감시원을 탄차로 밀어 폭행한 사건으로 사할린으로 도피하게 되어 그곳에서 '이진태'라는 이름으로 개명하여 생활하다가 해방 후에는 다시 소련 중앙아시아로 강제로 보내져 독신자, 무국적자로 살아야 했으며, 1990년대에 한·소수교가 이루어진 후 비로서 고국을 방문하였으나 지병이 악화되어 사망하였다는 것이다. 강제동원과 탈출, 개명, 강제이주, 억류와 고국방문 중의 사망까지……. 일제의 강제동원이 한 개인을 연속적인 비극적 고통으로 몰아넣은 듯한 느낌이었다. 조사는 강제동원 피해의 확인만이 아니라 개인의 잃어버린 이름과 기막힌 인생역정까지 밝혀야 하는 쉽지 않은 과제가 되었다.

우선 신고된 이름 이종갑과 개명한 이진태가 동일인임을 밝혀야 했다. 신고인은 이진태가 피해자의 사촌임을 언급한 바 있어 관련 제적등본과 개인적 서신, 한국방문시 비자 사본 등을 종합해 두사람이 사촌지간임을 확인하였다.

그 다음 과정으로 강제동원의 피해를 확인해야 했다. 이 과제는 故 박노학에 의해 작성되어 우리 위원회에 소장되어 있던 '화태억류동포귀환희망자명부'를 통해 실마리를 찾을 수 있었다. 먼저 1966년 당시 작성된 '명부' 2에서 이진태의 이름을 확인하였던 것이다. 그러나 이 명부상에서는 이진태가 이종갑임을 확인하기도, 강제동원의 구체적인 피해를 알아내기도 어려웠다. 명부에는 이진태의 이름과 그 부친의 이름이 기재되어 있었으나 이는 신고인이 제출한 호적의 기록과 달랐던 것이다.

조사관은 추가로 신고인에게 족보를 요청하는 한편으로 마침 입력 작업이 진행중이던 故 박노학 작성 명부 '화태억류동포귀환희망자명부'(3)를 검토했다. 그런데 놀랍게도 명부 3에는 이진태의 이름과 이종갑이 함께 나타나 있었고, 신고인의 이름이 포함된 형제들의 성명, 강제동원된 시기와 장소까지 기재되어 있는 것이 아닌가. 이는 명부 작성자가 피해자들의 생존 당시인 1060-70년대에 개인의 신상만이 아니라 가족을 찾을 수 있는 다양한 정보를 보내주도록 요청하여 이를 일목요연하게 정해 둔 덕분에 확인될 수 있는 정보였다.

때마침 피해자 집안의 족보가 도착했다. 아니나 다를까 '명부 2'에 기재되어 있던 이진태의 부친의 이름은 집안에서 쓰이던 것임이 족보에 기재되어 있었다. 두 달여간에 걸친 피해조사가 완결되는 순간이었다.

즉, 이종갑은 1943.경 고향에서 강제동원되어 홋카이도로 이동한 후 탄광에서 감독관과 충돌이 생겨 탄광을 탈출하여 사할린으로 도망하였으며 거기서 사촌은 이진태의 이름으로 개명하였다. '이진태'가 된 이종갑은 1954.08.에 사할린 나이부치(內淵) 탄광에 들어갔다. 국가총동원령에 의해 수많은 조선인을 동원한 반관반민의 탄광 속으로 이종갑은 몸을 숨겼던 것이다. 약 2년의 강제노동을 경험한 이종갑은 1945년 해방과 함께 사할린에 억류되어 고국으로 귀향할 날만을 기다리며 독신, 무국적자로 생활하였다. 1970년대 초까지 사할린 코르사코프에서 생활하던 이종갑은 이데올로기적인 문제에 연루되어 중앙아시아 타쉬켄트로 강제이주를 당했다. 다행이 1980년대 말에 동생의 적극적인 노력으로 가족과 서신을 교환하게 되어 1991년대 말에 꿈에도 그리던 고향을 방문할 기회를 잡았다. 자신의 공식적인 이름 이진태로 그는 48년만에 고향 땅을 밟았다.

하지만 귀향한 그는 끝내 자기 이름을 되찾지 못했다. 약 6개월만에 지병인 폐질환의 응급처치약이 부족하여 피해자가 갑자기 사망한 것이다. 러시아 비공민 여권의 소유자 이진태의 무덤 앞에 가족들은 이종갑의 이름을 새겨 넣은 묘비를 세우기는 했지만, 왜 그가 그 먼 길을 돌아 이진태란 이름으로 귀향했는지는 피해자가 고향땅에 묻힌지 16년이 지나서야 비로소 설명할 수 있게 되었다.

65년만에 진상규명으로 비로소 자신의 이름을 되찾은 이종갑 피해자의 사례에서 조사관은 강제동원 피해조사의 노력이 정당하고 정확한 방식으로 진행되고 있음을 확신하게 되었다. 물론 신고인의 적극적인 협조가 없었다면 이같은 성과는 거둘 수 없었다. 나라를 잃은 역사적 아픔 속에 이종갑 피해자는 고향과 가족, 그리고 자신의 이름조차 잃어버리고 하루하루의 현실과 엉켜 홀로 생존의 실타래를 풀어나가야 했다. 수많은 이종갑씨의 혼돈의 실타래가 아직 엉켜 풀릴 날을 기다리고 있다. 국민적 관심과 지원속에서 올곧게 풀어나가야 할 과제가 아직 우리 세대에 남아 있는 것이다.

종갑 형님의 비운(悲運)적 삶,
부모형제간 잃어버린 47년만에 귀국한 사연은 이렇다!

———

　　鍾甲(종갑) 맏형님은 1943년 5월쯤 태평양전쟁 때에 강제 징용으로 일본에 끌려갔다가 1990년 8월 23일까지 47년간 고향을 떠나 집소식도 모른 채 살아왔다.

　　징용 후 일본 땅 홋카이도 나이부치 탄광에서 광부로 일하면서, 하루는 광구 입구 초소에서 감독관과 시비가 붙어 그를 두들겨 패고 일본군 구식 장총을 빼앗아 사정없이 개머리판으로 실신시킨 후 멀리 바다건너 '사할린'으로 도주하였다. 이 사건으로 인해 일본경비대에서 수배령이 떨어지자 형님은 이름을 사촌형 이름인 이진태(李鎭泰)로 개명하여 귀국할 때까지 살았다.

　　1945년 8월 15일 태평양전쟁이 일본의 항복으로 끝나고, '사할린'은 일본 관할 지역에서 소련(현 러시아) 땅으로 원상복구 되었다. 당시 소련의 지도자 스탈린은 사할린에 거주하는 동양인들을 전부 소집하여 '시베리아' 철도를 통해 우즈베키스탄 타슈켄트 지역으로 강제 이주시켰다. 소련 지도부는 이들을 생소한 곳에 옮겨놓고 강제노역으로 일관하였다.

이렇게 삶을 누리다보니 생활에 언어구사가 "고려인"으로 알려진 혈쪽으로 알고부터 일상생활 문화를 터득하고 살아온 긴역사가 있었다는 이유는 알 수 없지만, 삶에 목숨만 갖고 지탱한 '사할린'에 "나이부치" 탄광일을 하면서 긴 시간이 였었다고 밝혀진다.

이 때에 우리나라는 제5공화국시대 「노태우」대통령 시대에 공산국가와 동구권과 국가간 수교를 하면서 중국과 소련(현 러시아)과의 외교수교로 하여금 문이 열리고 수교통상까지 이루어지고, 그 이후 모국에서는 사할린까지 교포들과 함께 맞이하면서, 잃어버린 혈족찾기에 백방으로 노력까지 있었다. 이렇게 수소문까지 했던 무렵에 수천만명의 교포가 우즈베키스탄 타슈켄트로 강제 이주된 사연이 밝혀지면서 우연하게도 형님을 찾게되어서 고국을 떠난지가 47년만에 기적같이 모국을 방문하게 된다.

우리 정부에서는 (국회서 법안)조건을 갖추워서 동포귀국토록 법적으로나 외교상으로 준비를 갖추고 국제적 관례를 따라 임시 귀국 초청장을 합볏적인 조건을 갖추고 보내게 되면서 이 때에 통신망이 열려서 이 무렵에 초청인 필자(종립)가 10여

년간 노력으로 하여금 대한민국 무역협회 산하 무역진흥공사가 이미 국교 수교이후 모스크바 호텔에 이미 상주한 참사관 성정현(成正鉉)씨의 협조로 형님을 빠른시간에 접견으로, 귀국할 수 있는 여권 수속으로 협력하여 당시 필자가 두서너 차례 국제우편으로 통신망을 통해서 당시의 국제법상 모국방문 '비자신청'을 서류상 럽렵게 자문하여 첫 번째 언어인 영문자와 두 번째 소련어로하고 세 번째 한글자로 하여금 명색이 3국어로 기록하여, 이렇게 준비서류가 무려 20여 가지가 갖추기에 어려움이 이만 저만이 아니었다. 당시 우편물의 발송비가 국제우편 요금이 1970년대에 3천원이었다. 국내 우편요금은 50원이었다고 지금도 기억이 생생하였다.

이렇게 어렵게 이루워진 맏형님의 조국방문 비자 기간을 30일로 여권에 기록되고 있다. 그런데 형님이 국내 들어왔으나 별이상없이 활동하였으나, 나중에 확인된 것은 늦은 감은 있으나 지병을 갖고 있었다는 것이, 형제간도 모르게 약병이 발견되어서 확인한 후에 알고보니 약명이 '스트랩트마이싱'이란 폐병에 사용하는 양약이란 것도 알게되었다. 이것이 딱한 일이겠으나 형님 본인이 아무런 이야기없이 지내오면서 약이 떨어지니까 어차피 병원으로 입원이 이루워진다. 병원에 입원한지 한달도 못되어서 1992년 2월 20일 생을 마감한 사연도 기구한 운명이 모국 방문이 죽음을 눈앞에 두고 고향을 찾은 형님의 생애가 형제지간의 상면 만큼은 행운다운 일화를 남겨두고 산으로 가야만 했었다.

산에 묻음 자리도 부모님 선산 앞에 모셔져 있다. 필자가 생각하기에 형님의 죽음복은 타고난 팔자로 새겨본 것이다. 한편으로는 형님의 생애에 지울 수 없이 남겨진 첫 부인 백수용(白水龍)씨는 남편을 맞이한 일년 이후 (1943년 남편 19세, 아내 18세) 남편은 일제 강제징용으로 떠난지도, 신혼 부부의 사랑도 가져봄도 허무한 시간속에서 필자가 보기에는 기억속에 어렴풋이한 생각이나마 남겨진다. 생각하건데 '백수용' 형수님은 가정에 맏며느리로서 홀로 감래하면서 1945년 8월 15일 공복을 맞이했으나 시부모님과 함께 신랑 '종갑'씨를 기다림이 5년이란 세월이 지나도 소식없이 행방불명으로 알 길이 없었다. 지난 시간에 사할린에 형님이 계신다는것까지 확인이 되었으나 당시 소련땅이라 우리나라와는 통신두절로 막막했던 것이다. 1990년대에 우리나라 제5공화국때 노태우 대통령 시대에 공산권과 문호개방으로 열려서 공산권과 국가간 수교로 인해서 필자가 꾸준히 10년간 노력으로 맏형님(鐘甲) 소식을 접하면서 우즈베키스탄의 타슈켄트에 1946~1947년에 이주되고 생존확인이 되었다.

한편으로 아버지가 단행한 맏며느리의 독립생활 보장을 사돈간 협의로 하여금 아버지(泰雄)의 결단내린 1948년경 맏사돈 '백남숙'씨와 하루밤을 함께하면서 맏자식(鐘甲)은 행방불명이 되고, 맏며느리(백수용)는 홀로 오고가며 청춘을 달래는 시간에 사돈지간의 오고간 약속은 아버지께서 단안을 내리며, 맏자식 목으로 한섬지기의 분배 토지를 마련하여 맏사돈에게 정리하게 되었다. 그 자금으로 맏며느리는 친정곳 '왜관읍'에서 반자동 베틀기계를 마련으로 비단 명주를 생산하다가, 1950년 6.25가 발발로 남으로 피난을 떠났다. 늦게 소식을 듣고보니, 이미 개가로 자식을 남매를 두고 떠난 사연이다. 그동안 부부는 난리통에 47년이란 공간에, 필자가 준비하여 형님을 찾아 귀국까지 이루고 난 후, 47년 공간에서 다시 부부가 만난 시간에 극적인 장면이 서울시 봉천동에서 생애의 보람을 각인 것도 지난 추억으로 남겨진 사연이 진정 가진 옛 첫사람을 늦으막게 자리함은 인간이기에 보람도 느껴보는 장면이 지금도 생생하게 추억으로 남겨놓게 된다.

이토록 어렵게 남겨두고, 필자의 직접 체험한 맏형님의 부부간의 옛정을 연결하여 삶의 과거사가 오늘에 와서도 인생의 극적인 보람을 살펴보니 세상도 인간사의 극적인 모양새를 남겨두고서 형님의 귀국 후 남겨진 일들은 가정사의 역사를 남긴다.